イラストでわかる日常生活の英語表現

第3版

ENGLISH FOR EVERYDAY ACTIVITIES

THIRD EDITION

英語／日本語版

ローレンス・J・ツヴァイアー
Lawrence J. Zwier

この本の登場人物

Paul Kate Clay 夫妻

Alex Rivera

Tom Jenny Johnson 兄弟

Pam Dan Lee 夫妻

本書について

『イラストでわかる日常生活の英語表現』は、英語を母国語としない人のために作られた英語学習書です。登場人物たちと一緒にアメリカの日常生活を擬似体験しながら、楽しく英語を学べるように考えられています。

本書の特長はイラストの豊富さにあります。日常生活でよく使われる表現に対して、動作や状態の細部にまで具体的なイラストがついていますので、英語を母語とする人が日常生活で言葉を体得する過程を追体験することができます。

外国語を学習する際、「耳から入った言葉のイメージ（聴覚像）」を身につけることが重要ですが、同時に視覚の助けを借りて、さまざまな表現の具体的なイメージをつかむ必要があります。例えば、「シャワーを浴びる」という動作について、本書では、「シャワーカーテンを閉める」→「シャワーのノブをひねる」→「シャンプーする」→「洗い流す」・・・・などの英語表現がイラストとともに提示されていますので、それぞれの動作に相当する英語の表現を具体的に把握することができます。

また、本書はビデオの一時停止画面に似た機能を持っているとも言えるでしょう。一連の動作の中に含まれるさまざまな表現を理解したうえで、実生活にフィードバックさせてください。また、実生活で疑問に思った表現を本書で確認してください。次に本書の実践的な活用法を記しておきます。

「状況」から「語」へ

ある状況を思いついたら

- 目次の中から関連するテーマを見つけましょう。
- 思いついた状況に合ったイラストを探して、最適な表現を見つけましょう。
- 目次を見てもよく分らない場合はパラパラとページをめくり、表現したいことを示すイラストを探してみましょう。

「語」から「状況」へ

読んだり聞いたりしたことはあるが、意味のはっきりしない語や句がある場合

- 索引を引いて、その語（句）を探しましょう。
- 索引に示されたページを開いて、その語（句）とイラストが表している状況を理解しましょう。

独りで学習する場合

この本に出てくる行動（例えば、バスに乗る、電話をかける、シャワーを浴びるなど）を英語で考えてみる。

- 本を開いて、考えた英語が合っているか確かめてみましょう。
- 語（句）とイラストも一緒に覚えましょう。

クラスルームで学習する場合

- この本に出てくるテーマを使って、ペアワークをしてみましょう。
- 「私の一日」について、ペアワークをして話してみましょう。
- ペアワークで話したことを文章にまとめてみましょう。

学習をより効果的にするために

- 知りたい語を見つけたら、まず、その語が入っている章全体を読んでみましょう。
- また、索引を引いて同じ語が出てくる他の章も読んでみましょう。
- 一つの語が状況によって、いろいろな意味を持つことに注目しましょう。
- 日常の生活や行動から、楽しく英語を学習し、自分なりの表現を身につけましょう。

Contents

Section 1

Starting the Day

一日の始まり

Scan for Audio

DAY 1

First Thing in the Morning

朝、最初にすること

KEY VOCABULARY

VERBS

brush	(歯を)みがく、(髪を)とく
dry off	乾かす
eat	食べる
flush	水を流す
get dressed	服を着る
get out of	～から出る
leave	離れる
make	作る
ring	鳴る
shave	ひげを剃る
take (a shower)	(シャワーを) 浴びる
wake up	目を覚ます、起きる
wash	洗う

NOUNS

alarm clock	目覚まし時計
apartment	アパート
bathroom	バスルーム
bed	ベッド
breakfast	朝食
hair	髪
hand	手
morning	朝
razor	かみそり
shaving cream	シェービング・クリーム
shower	シャワー
toilet	トイレ
toilet bowl	便器
tooth <(複数)teeth>	歯
towel	タオル

FOR SPECIAL ATTENTION

- **get up** 「起きる」
  例) "What time did you get up?"
  "At 7:00."
  「何時に起きましたか」「7時です」
- **after** 「～の後で」
- **use the toilet** 別のていねいな言い方に go to the bathroom / use the bathroom という表現がある。
- **flush a toilet** 「トイレを流す」
- **take a shower / bath**
  「シャワーを浴びる／風呂に入る」

Dan's alarm clock rings,...

目覚まし時計が鳴ると、

...and he wakes up.

Danは目を覚まします。

He gets out of bed.

ベッドから出ます。

He goes into the bathroom.

バスルームに行きます。

After using the toilet and flushing it,...

トイレを使い、水を流した後で、

...he washes his hands.

手を洗います。

習慣を表す表現

ここでは、朝起きてから出かけるまでの色々な動作を扱います。これらの動作は毎日繰り返して行うものです。英文では必ず動詞が現在形になります。

例）I **brush** my teeth every day.
私は毎日歯をみがきます。

On Saturdays, Dan **sleeps** late.
土曜日には、ダンは遅くまで寝ています。

I (usually) eat cereal for breakfast.
私は(普段)朝食にシリアルを食べます。

動詞の現在形と一緒に使われる「時の表現」

- **every day** 毎日 (every morning 毎朝)
- **in the morning** 午前に (in the afternoon 午後に、at night 夜に)
- **once a week** 1週間に1回 (once a month 1月に1回)
- **usually** たいてい
- **often** よく
- **sometimes** ときどき
- **on Sundays** 日曜日に (on Mondays 月曜日に)

He brushes his teeth,... (see p. 10)

歯をみがいて、

...shaves,...

ひげを剃って、

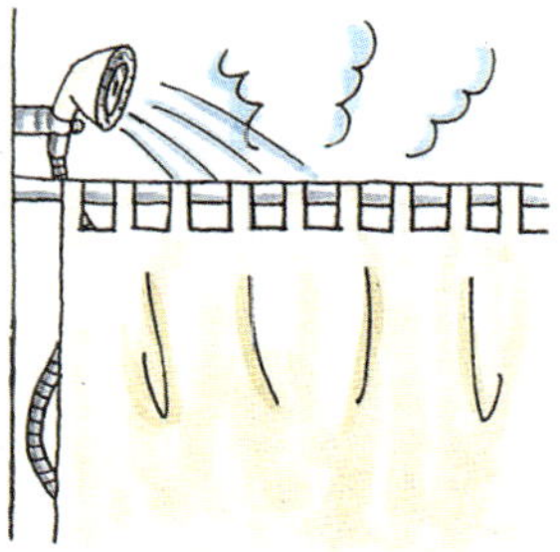

...and takes a shower. (see p. 11)

シャワーを浴びます。

He dries himself off with a towel.

タオルで体を拭きます。

Then, he brushes his hair.

それから髪をとかします。

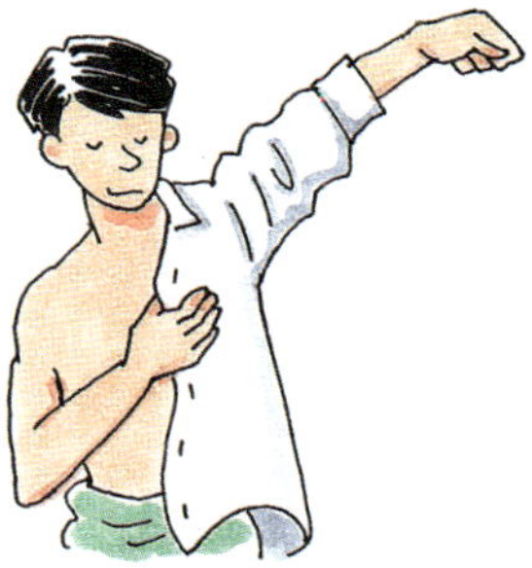

He gets dressed. (see pp. 12-15)

服を着ます。

He makes breakfast... (see pp. 18-19)

朝食を作って

...and eats it. (see p. 20)

食べます。

Then, he leaves the apartment.
(see p. 21)

そして、Danはアパートを出ます。

DAY 2

Brushing Your Teeth / Flossing

歯をみがく／糸ようじを使う 02

KEY VOCABULARY

VERBS

floss	フロスで(歯間を)、掃除する
move	動かす
pull out	引っ張り出す
put back	戻す
rinse	すすぐ
rinse off	洗い流す
run water over	水でぬらす
slip	滑る
spit	吐き出す
squeeze	絞る
swish	振り回す

NOUNS

faucet	(水道の) 蛇口
floss	(デンタル) フロス
mouth	口
a piece (of)	1本 (片)
rack	ラック
sink	洗面台
toothbrush	歯ブラシ
toothpaste	練り歯みがき
tube	チューブ

OTHERS

back and forth	前後(左右)に
up and down	上下に

FOR SPECIAL ATTENTION

- **back and forth** 端から端へ水平方向(←→)に物が何度も動く様子。
- **up and down** 垂直方向(↑↓)に物が何度も動く様子。
- **between** 「…の間に」

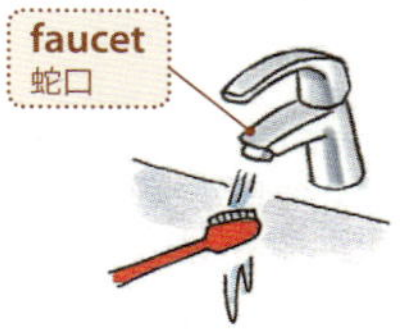

Jenny runs some water over her toothbrush.

Jennyは歯ブラシを水で濡らします。

She squeezes toothpaste onto her toothbrush.

歯ブラシの上に練り歯みがきを絞り出します。

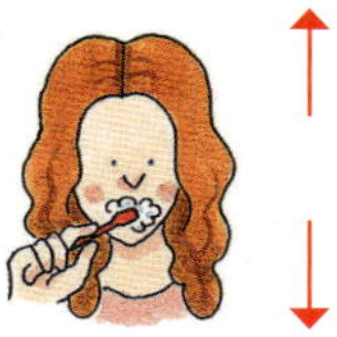

She moves her toothbrush up and down...

歯ブラシを上下に動かしたり、

...and back and forth.

左右に動かしたりします。

To rinse her mouth, she takes some water,...

口をすすぐために、水を少しふくみ、

...swishes it back and forth in her mouth,...

口の中でクチュクチュと動かし、

...and spits it into the sink.

洗面台に吐き出します。

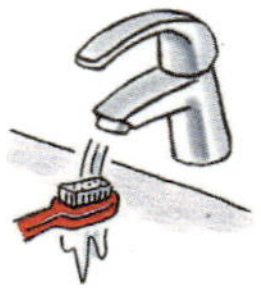

She rinses off her toothbrush.

歯ブラシを洗います。

Then, she puts it back in the toothbrush rack.

そして、歯ブラシ立てに戻します。

She Flosses Her Teeth by...

フロスで歯間を磨く方法は、

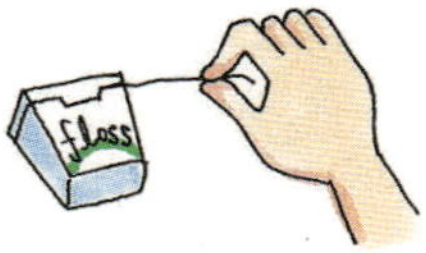

...pulling out a long piece of floss,...

デンタルフロス(糸ようじ)を長めに引っ張り出して、

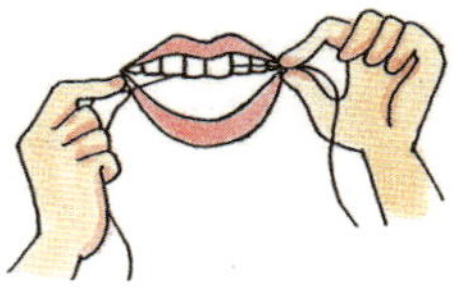

...slipping it between her teeth,...

歯と歯の間をスライドさせて、

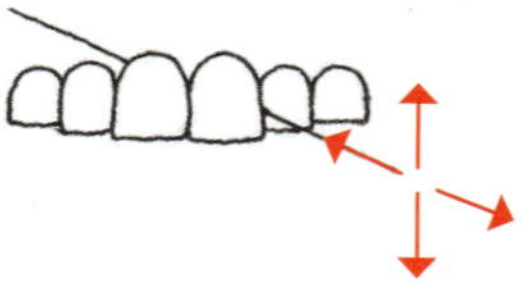

...and moving it back and forth and up and down.

前後・上下に動かします。

Taking a Shower

シャワーを浴びる 03

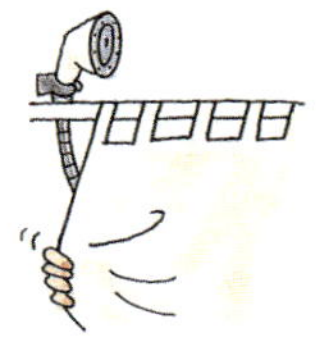

Dan pulls the shower curtain shut.

Danはシャワーカーテンを引いて閉めます。

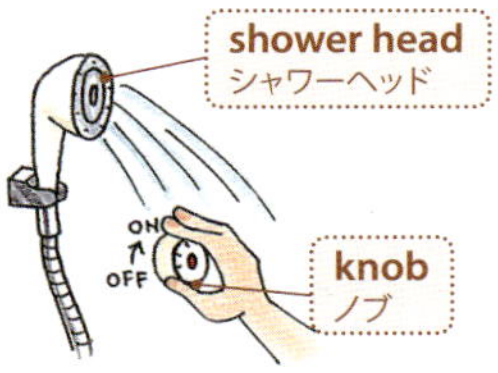

By turning the knob, he turns the water on.

ノブを回してお湯水を出します。

He washes his hair with shampoo...

シャンプーで髪を洗い、

...and the rest of his body with soap.

体の他の部分を石けんで洗います。

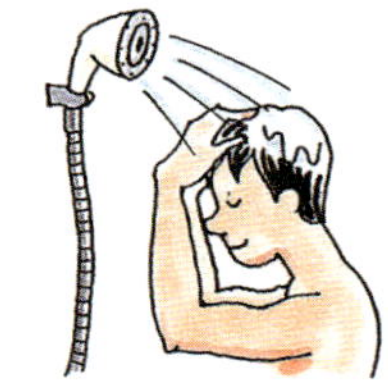

Then, he rinses off with water.

お湯で洗い流します。

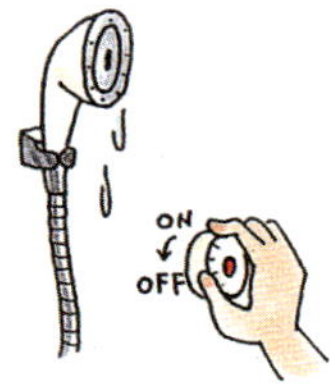

After turning the water off,...

お湯を止めてから、

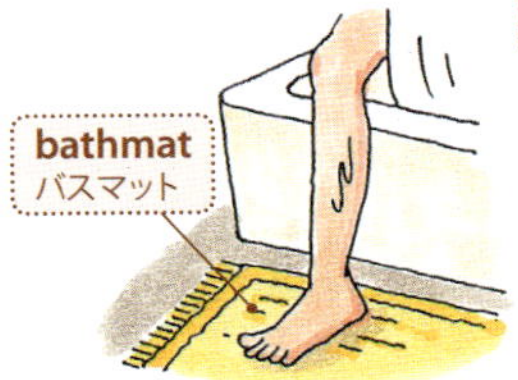

...he steps out of the shower.

バスタブから出ます。

He takes a towel from the towel rack.

タオル掛けからタオルを取ります。

Then, he dries himself off.

そして、体の水を拭きます。

He wraps a towel around himself,...

体にタオルを巻きつけて、

...and he dries his hair.

髪を乾かします。

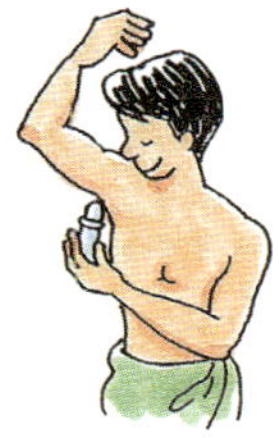

He puts some deodorant under his arms.

わきの下にデオドラントをつけます。

KEY VOCABULARY

VERBS

dry	乾かす
pull	引く
step out	外へ出る
turn off	(水を) 止める
turn on	(水を) 出す
wrap	包む

NOUNS

arm	腕
bathmat	バスマット
blow dryer	ドライヤー
body	体
curtain	カーテン
deodorant	デオドラント
knob	ノブ
(the) rest (of)	～の残り
shampoo	シャンプー
shower head	シャワーヘッド
soap	石けん
towel rack	タオル掛け

OTHERS

around	～の周りに
shut	閉じた
under	～の下に

FOR SPECIAL ATTENTION

- **pull ~ shut** 閉まるまで～を引っ張ること。
- **turn on** すると、～が出たり、始まったり、ついたりする。反対に turn offすると、～が止まったり、終ったり、消えたりする。
- **dry off** 濡れた物の上に残っている水をぬぐうのが dry off で、髪やタオルなどを乾かす場合は dry または dry out を使う。
- **deodorant** 体臭など嫌な臭いを消すためのクリームやスプレー。

DAY 4

Getting Dressed: A Man

身仕度をする—男性の場合 04

KEY VOCABULARY

VERBS

buckle	バックルで留める
button	ボタンをはめる
clasp	ホックで留める
fasten	締める
lace up	ひもで結ぶ
pull up	引き上げる
put on	着る
snap	パチンと留める
straighten	きちんとする
tie	結ぶ
tuck	すそを中に入れる
zip up	ジッパーで締める

NOUNS

belt	ベルト
belt loop	ベルト通し
clothes	服
collar	襟
cuff	袖口
fly	ズボンの前のチャック
lace	締めひも
a pair (of) ~	一代、一組(の)
pants	ズボン
shirt	シャツ
sleeve	袖
sock	靴下
T-shirt	Tシャツ
underpants	下着
underwear	下着
waistband	ウエストバンド

Other

through	通して

FOR SPECIAL ATTENTION

- **some** 「いくつかの」
- **put on** 衣服を身につける。「服を脱ぐ」は take off。
- **each** 「それぞれの」
- **together** 「一緒に」

Tom Puts on... Tomが身につけるのは...

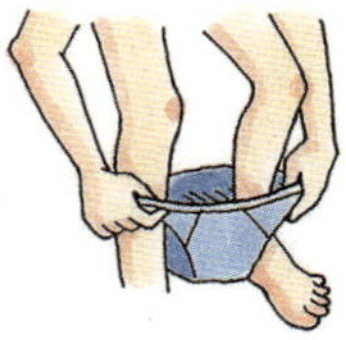

...some underwear,...

下着

...a T-shirt,...

Tシャツ

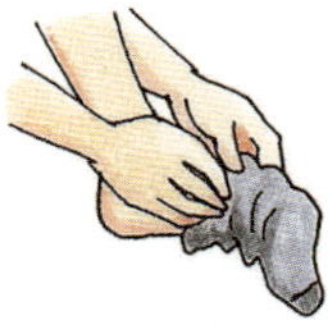

...some socks,...

靴下

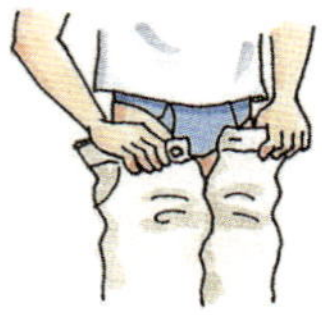

...some pants,...

ズボン

...and a shirt.

そしてシャツです。

Tom puts on his underwear.
Tom puts his underwear on. 〉 同じ意味
Tomは下着をつけます。

Tom chooses some socks and puts <u>them</u> on.
トムは靴下を選んではきます。
Tom picks up his shirt and puts <u>it</u> on.
Tomはシャツを取って着ます。
〉 代名詞 (it, them) は put と on の間に入れる。

A? Some? A Pair of? 単数？複数？一対？

a T-shirt
Tシャツ1枚

a jacket
上着1着

a shirt
シャツ1枚

some socks
靴下
a pair of socks
靴下1足

some underwear
some underpants
下着
a pair of underpants
下着1枚

some shoes
靴
a pair of shoes
靴1足

some pajamas パジャマ
a pair of pajamas
パジャマ1着

some glasses
眼鏡
a pair of glasses
眼鏡1本

some shorts
短パン
a pair of shorts
短パン1本

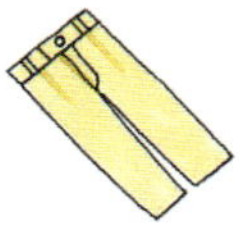

some pants
ズボン
a pair of pants
ズボン1本

靴下や靴の場合、片一方をさして言うときには、a sock, a shoe と言うことができます。ただし、1着でも複数形をとる単語、パジャマ (pajamas) やズボン (pants) を a pajama, a pant と言うことは決してありませんので、注意しましょう。

Putting on a Pair of Pants ズボンをはく

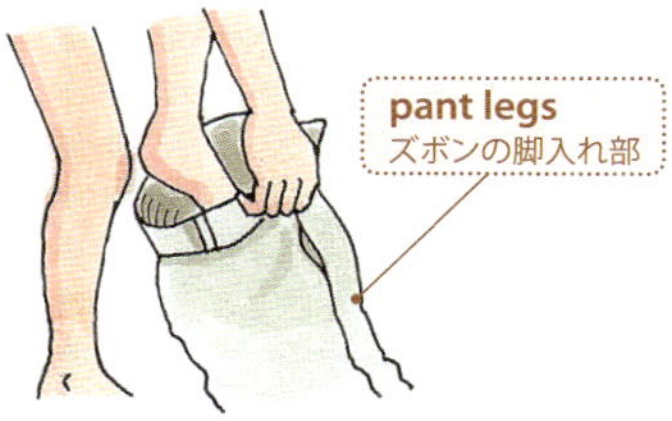

Tom steps into his pants,...
Tomはズボンに脚を通します。

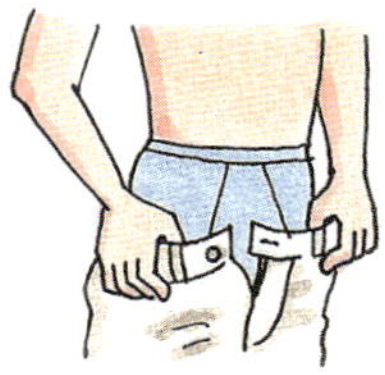

...then he pulls them up.
ズボンを引き上げます。

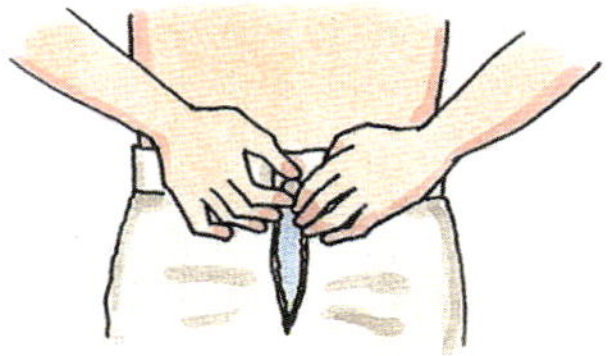

He fastens the waistband...
ウエストバンドを締めて、

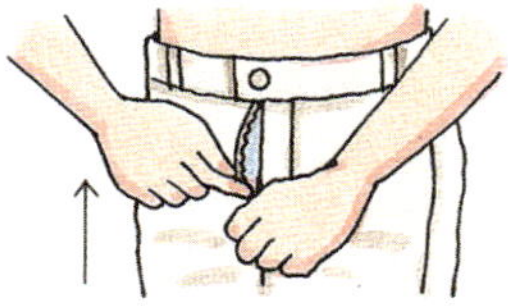

...and zips up the fly.
ジッパーを上げます。

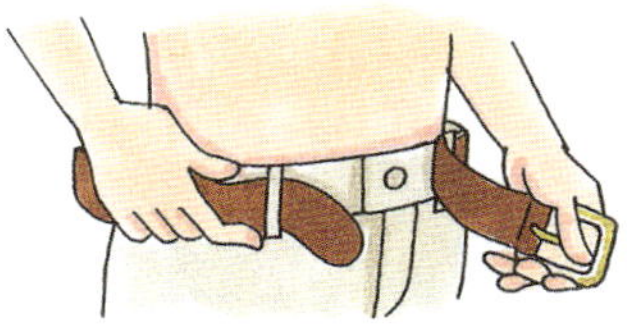

He slips a belt through the belt loops...
ベルトループにベルトを通して、

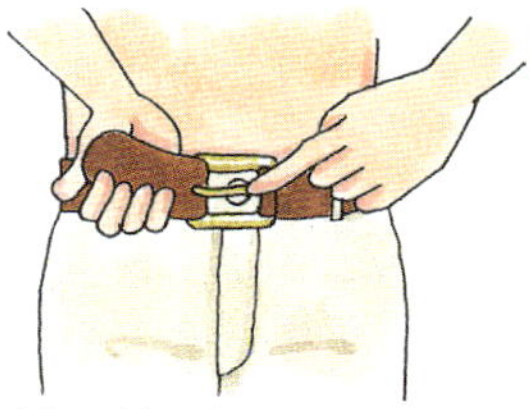

...and buckles it.
バックルを留めます。

Putting on a Shirt シャツを着る

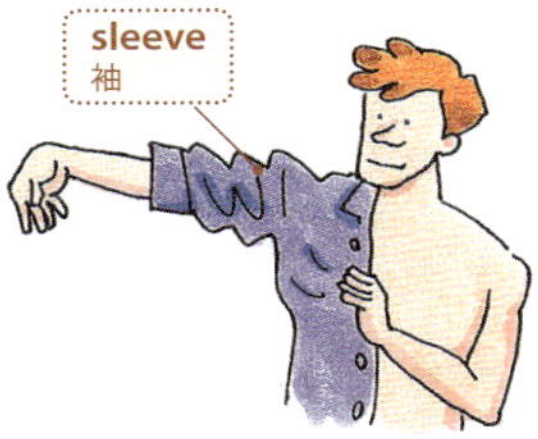

Tom slips an arm into each sleeve.
Tomは片方ずつ袖に腕を通します。

He buttons the shirt...
シャツのボタンと、

...and the cuffs.
袖口のボタンを留めます。

He straightens his collar.
襟を整えます。

He tucks his shirt into his pants.
ズボンの中にシャツを入れます。

Fasteners 留め具	What you do 留め方
 snaps スナップ	You snap things together. スナップを留めます。
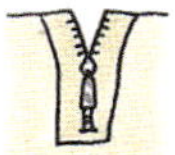 zipper ジッパー	You zip something up. ジッパーを締めます。
button hole ボタン穴  button ボタン	You button something. ボタンを留めます。
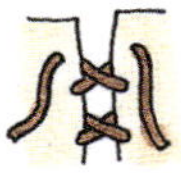 laces 締めひも	You lace something up, and then you tie the laces. ひもを通してから、結びます。
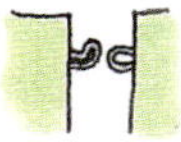 clasp ホック	You clasp things together or you fasten something. ホックを留めます。
 buckle バックル	You buckle something. バックルを留めます。

SIMPLE PRESENT

DAY 5

Getting Dressed: A Woman

身仕度をする—女性の場合 05

KEY VOCABULARY

VERBS

dress	装う
keep	～の状態でいる
wear	身につける、着ている

NOUNS

blouse	ブラウス
boot	ブーツ
bra	ブラ（ジャー）
building	建物
coat	コート
cotton	木綿
dress	ワンピース
fabric	織物
glove	手袋
hat	（ふちのある）帽子
mitten	ミトン
neck	首
nylons	ストッキング
panties	パンティー
sandal	サンダル
scarf	スカーフ、マフラー
skirt	スカート
suit	スーツ
sweater	セーター
weather	天気
wool	ウール

OTHERS

barefoot	素足の
casual	カジュアルな
cold	寒い
cool	涼しい
heavy	重い
hot	暑い
indoors	屋内に
inside	中に
light	薄い
long	長い
long-sleeved	長袖の
outdoors	屋外に
outside	外に
short-sleeved	半袖の
warm	暖かい

(Pam Puts on... パムが身につけるのは… **)**

...some panties,...
パンティー

...a bra,...
ブラジャー

...a dress,...
ワンピース

OR

...a blouse / a shirt,...
ブラウス／シャツ

AND

...a skirt,...
スカート

OR

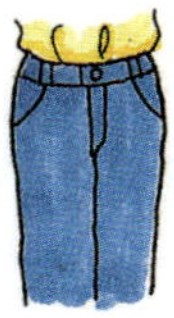
...some pants,...
パンツ

AND

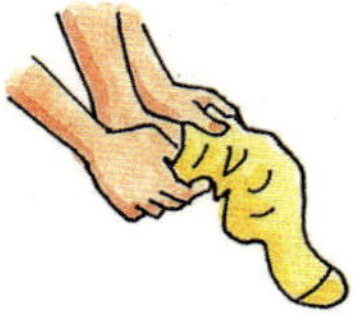
...some socks,...
ソックス

OR

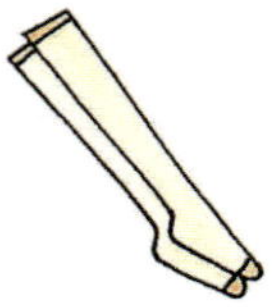
...some nylons (stockings),...
ストッキング

OR

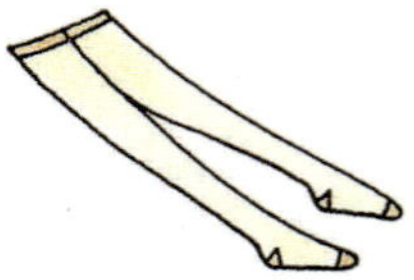
...some pantyhose.
またはパンティーストッキングです。

After you **put on** your clothes, you **wear** them.
服を着る動作は「**put on**」で、着ている状態は「**wear**」です。

These people are wearing suits.
彼らはスーツを着ています。

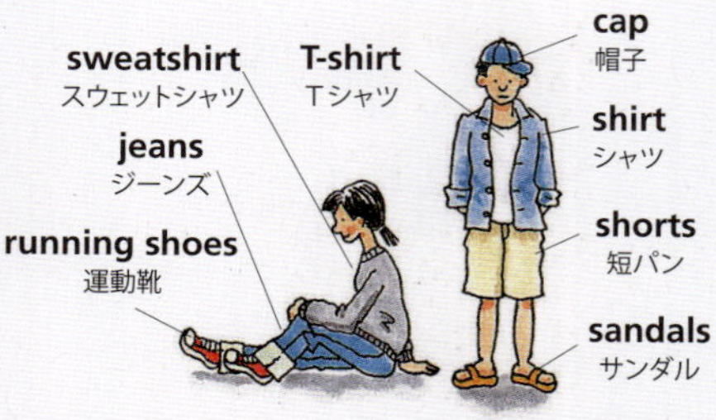

These people are wearing casual clothes.
彼らは普段着を着ています。

FOR SPECIAL ATTENTION

- **if ~** もし～（ならば）
- **go barefoot** 靴や靴下を履かずに裸足で歩くこと。
- **keep ~ cool / warm** ～を涼しい／暖かい状態にしておくこと。
- **before** 「～する前に」

- **天候の表現**
  1. It + *be* 動詞 + 形容詞
     It's hot.「暑い」
     It's cold out.「外は寒い」
  2. It + *be* 動詞 + 現在分詞
     It's raining.「雨が降っている」
     It's snowing.「雪が降っている」

Dressing for Hot Weather 暑い日の服装

If it's hot, Pam wears light clothes:
暑い時、Pamは薄手の服を着ます。

...a short-sleeved cotton shirt,...
木綿の半袖シャツと

...and a pair of cotton shorts.
木綿のショートパンツです。

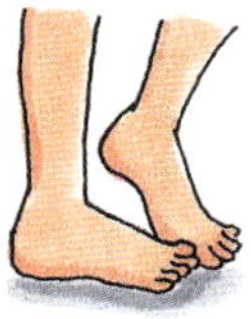

She goes barefoot indoors...
家の中では素足で、

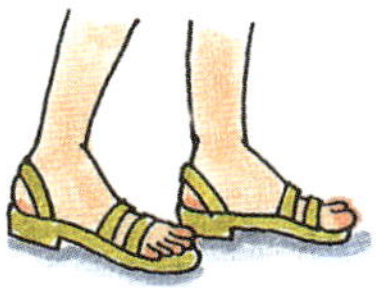

...and wears sandals outdoors.
外ではサンダルを履きます。

Dressing this way keeps her cool.
このような服装だと涼しくしていられます。

COTTON：綿
a fabric that comes from the cotton plant
木綿は綿花で作る織物です。

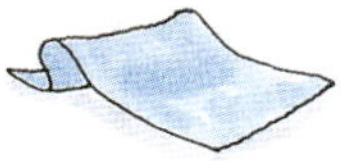

thin clothes
薄手の布

thick clothes
厚手の布

If something is **outside** a building, it is **outdoors**.
もしある物が建物の外にあれば、「屋外に」あるということです。

If something is **inside** a building, it is **indoors**.
もし建物の中にあれば、「屋内に」あるということです。

Dressing for Cold Weather 寒い日の服装

If it's cold, Pam wears heavy clothes:
寒い時に、Pamは厚手の服を着ます。

WOOL：ウール
a fabric that comes from a sheep.
ウールは羊の毛で作る織物です。

...a long-sleeved shirt,...
長袖のシャツ

...a wool sweater,...
ウールのセーター

...long pants,...
長いパンツ

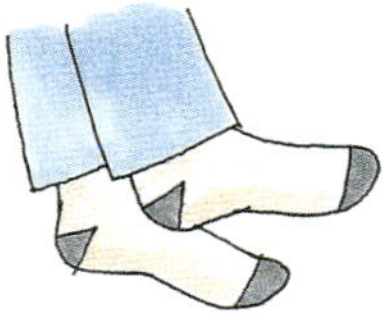

...and thick wool socks.
そして厚手のウールの靴下などです。

Before going outdoors, she puts on a heavy coat...
屋外に出る前に厚いコートを着て、

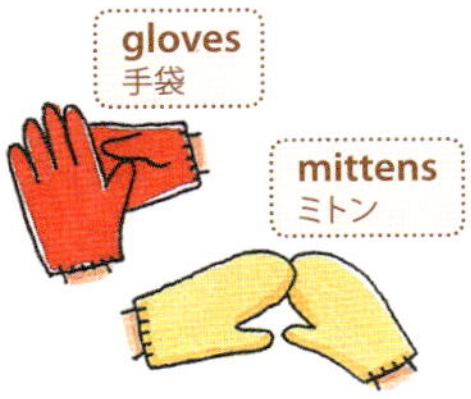

...and some gloves or mittens.
手袋かミトンをはめます。

She wraps a scarf around her neck...
首にマフラーを巻き付け、

...and puts on a hat...
帽子をかぶり、

...and some boots.
ブーツを履きます。

Dressing this way keeps her warm.
このような服装だと暖かくしていられます。

DAY 6

Making a Bed

ベッドを整える 06

KEY VOCABULARY

VERBS

fluff up	ふわふわにする
lay	置く
slip	敷く
smooth out	しわを伸ばす
spread	広げる

NOUNS

bedspread	ベッドカバー
blanket	毛布
mattress	マットレス
pillow	枕
sheet	シーツ

OTHERS

bottom	下部の
fitted	ぴったり合った
flat	平らな
top	上部の
under	下に

FOR SPECIAL ATTENTION

- **fitted sheet** へりがベッドのマットレスにはさまるように作られたボックスシーツ。top sheet（上掛けのシーツ）としては使われず、bottom sheet（下側のシーツ）として使われる。
- **pull ~ tight** きっちり（ぴったり）するまで～を引っ張ること。

pillow
まくら

pillowcase
まくらカバー

- **head of the bed / foot of the bed** ベッドに寝た時、頭の来る方が head で、足の方が foot になる。
- **smooth out** しわを平らに伸ばすこと。

I put a bottom sheet on the mattress. 私はシーツをマットレスに敷きます。

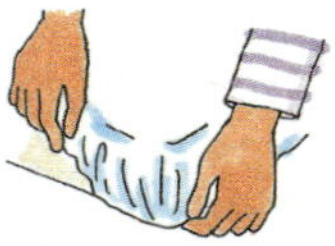

If I have a fitted sheet, I slip it over the mattress.

ボックスシーツなら、マットレスにすっぽりかぶせます。

If I have a flat sheet, I tuck it under the mattress.

フラットシーツなら、マットレスの下に折り込みます。

Then, I tuck the top sheet under the mattress at the foot of the bed.

次に、上掛けのシーツをベッドの足側に折り込みます。

I pull the top sheet tight,...

上掛けのシーツをきっちり引き上げ、

...spread a blanket over the bed,...

ベッドの上に毛布を広げ、

...and smooth it out.

しわを伸ばします。

I spread a bedspread over the bed.

ベッドの上にベッドカバーを広げます。

I fluff up the pillows...

枕をふわふわにして、

...and lay them at the head of the bed.

ベッドの頭部に置きます。

I pull the bedspread over the pillows...

枕をくるむようにベッドカバーを引き、

...and smooth it out.

しわを伸ばします。

Making Coffee / Making Tea

コーヒーをいれる / 紅茶をいれる 07

DAY 7

SIMPLE PRESENT

Making Coffee with an Electric Coffee Maker
（コーヒーメーカーで）コーヒーをいれる

Pam scoops some ground coffee into the filter.

Pamは挽いたコーヒー豆をすくい、フィルターに入れます。

Then, she pours some water into the coffee maker.

それからコーヒーメーカーに水を注ぎます。

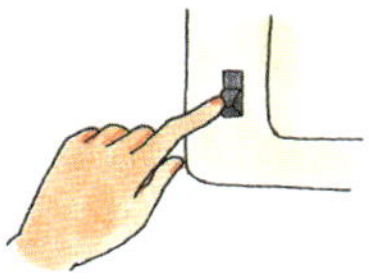

She turns the coffee maker on by pressing the switch.

スイッチを押して電源を入れます。

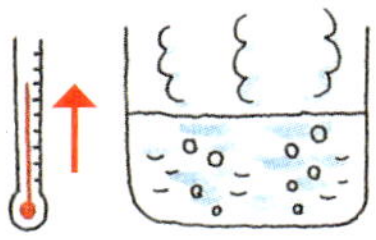

The water heats up...

水が熱くなり

...and drips through the ground coffee...

挽いたコーヒー豆の中にぽたぽた落ちて、

...and into the coffeepot.

コーヒーポットの中にたまります。

Making Tea 紅茶をいれる

Dan boils water in a teakettle.

Danはやかんでお湯を沸かします。

He pours the hot water into a teapot...

熱湯をティーポットに注ぎ、

...and adds some tea leaves.

紅茶の葉を入れます。

As the tea leaves soak in the water,...

葉が湯につかると、

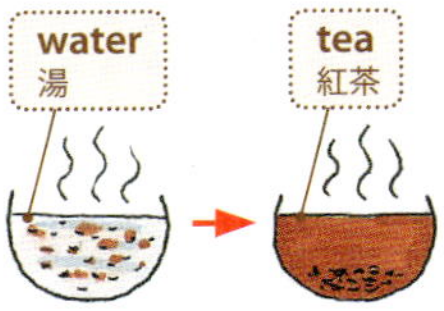

...the water becomes tea.

お湯は紅茶になります。

Dan strains the tea.

紅茶をこします。

Then, he adds sugar and milk and stirs his tea.

それから砂糖とミルクを加えて、かきまぜます。

KEY VOCABULARY

VERBS

add	加える
boil	沸かす
drip	ぽたぽた落ちる
heat up	沸騰する
pour into	注ぐ
press	押す
scoop	すくう
soak	つかる
stir	かきまわす
strain	（こし器で）こす
turn on	スイッチを入れる

NOUNS

coffee maker	コーヒーメーカー
filter	フィルター
leaf	茶葉
milk	ミルク
saucer	受け皿
sugar	砂糖
switch	スイッチ
tea	紅茶
teakettle	やかん

OTHERS

electric	電気の
ground	挽いた

FOR SPECIAL ATTENTION

- **filter** にはごく小さな穴が開いていて、液体や気体は通すが、大きな粒子は通さない。strainer も同じ機能を持つが、穴は filter より大きく、たいてい柄が付いている。
- **ground coffee** コーヒー豆を grind（細かく挽く）して粉末にしたもの。ground は grind の過去分詞形。
- **soak** 水につかって濡れること。
- **scoop... coffee** コーヒーをスプーンですくう。
- **heat up** 熱くなるという意味で、同じ意味の表現としては'become hotがある。

SIMPLE PRESENT

DAY 8

Preparing Breakfast

朝食の準備 08

KEY VOCABULARY

VERBS

crack	割る
fry	焼く、揚げる
light	(火が) つく
lower	下げる
melt	溶ける
peel	皮をむく
pop up	ポンと飛び出る
prepare	(飲食物を) 調理する、支度する
slice	薄く切る
sprinkle	振りかける
take out of ~	～から取り出す
toast	(パンを) 焼く
turn on	(ガスを) つける

NOUNS

bowl	ボウル
bread	パン
burner	(ガス) バーナー
flame	炎
garbage	生ごみ (入れ)
pan	(フライ) パン
plate	(浅くて丸い) 皿
slice	一切れ、一枚
spatula	へら
starter	スターター
toast	トースト
toaster	トースター
wire	電熱線

FOR SPECIAL ATTENTION

- **slices of bread** = pieces of bread ともいう。
- **pop up** パンなどが焼けてポンと飛び出すこと。
- **(gas) stove** (調理用の)「ガスレンジ」 electric stove「電気式レンジ」もある。
- **melt** 固体が液体になる (溶ける) まで熱を加えること。
- **throw ~ into the garbage** ごみ容器に~を捨てること。
- **flip ~ over** ひっくり返して upside down (逆さまに) すること。

(Preparing Cold Cereal 冷たいシリアルを作る)

Pam pours some cereal from the box into her bowl.

Pamはシリアルを箱からボウルの中に入れます。

She pours in some milk...

ミルクをそそぎ、

...and sprinkles some sugar on her cereal.

シリアルの上に砂糖をふりかけます。

Then, she peels a banana,...

それからバナナの皮をむき、

...slices it,...

薄く切って、

...and puts the slices on her cereal.

シリアルの上にのせます。

(Making Toast トーストを作る)

Dan puts two slices of bread into the toaster.

Danはパン２枚をトースターに入れます。

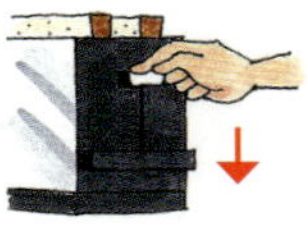

By pressing the starter,...

スターターを下げ、

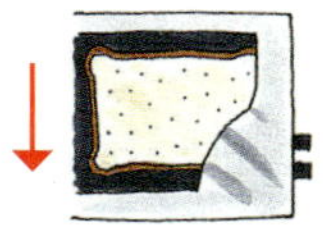

...he lowers the bread into the toaster.

パンをトースターの奥に落とします。

Hot wires inside the toaster toast the bread.

トースターの内側の電熱線がパンを焼きます。

The toast pops up when it's done.

焼きあがると、トーストがポンと飛び出します。

Dan spreads some butter and jam on his toast.

Danはバターとジャムをトーストに塗ります。

Frying an Egg 目玉焼きを作る

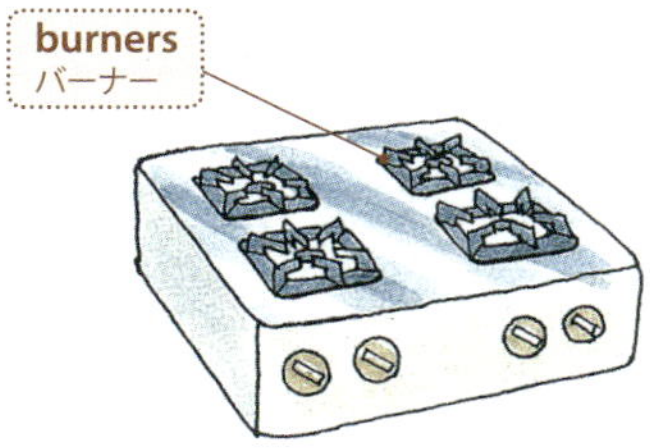

There are four burners on Dan's stove.

Danのガスレンジには4つのバーナーがあります。

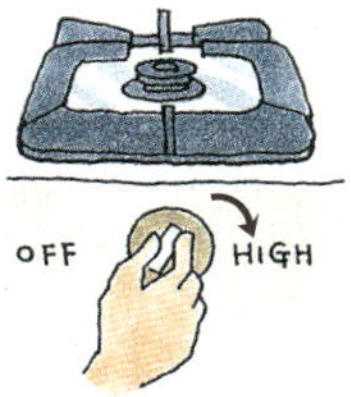

He turns on the gas,...

ガス栓を回して(ガスを出し)、

...and one of the burners lights.

バーナーの１つに点火します。

He puts a frying pan on the burner...

フライパンをバーナーの上にのせ、

...and melts some butter in the pan.

フライパンの中で、バターを溶かし、

He cracks an egg into the pan...

卵を割ってフライパンに落とします。

...and throws the shell into the garbage.

殻を生ごみ箱に捨てます。

The egg fries.

卵が焼けます。

Dan flips it over once with a spatula...

Danはへらでひっくり返してから、

...and then takes it out of the pan.

フライパンから取り出します。

He puts the egg on a plate.

目玉焼きを皿にのせます。

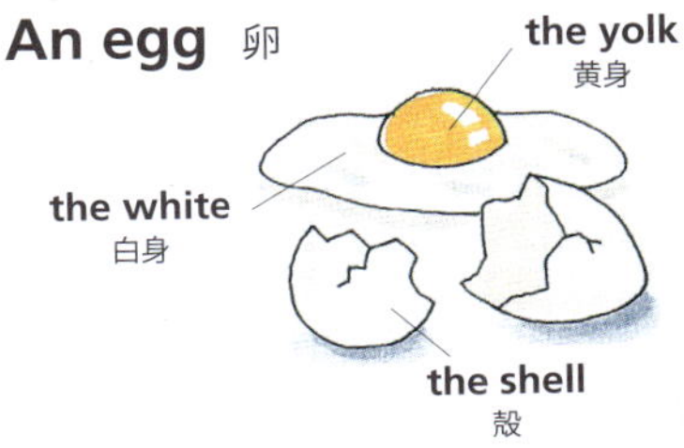

DAY 9

Eating Breakfast

朝食をとる 09

KEY VOCABULARY

VERBS

dip	軽くひたす
drink	飲む
eat	食べる
have / has	食べる
leave	離れる
read	読む
sit down	座る
talk	しゃべる
wipe	ぬぐう

NOUNS

bacon	ベーコン
fork	フォーク
lip	唇
mug	マグカップ
napkin	ナプキン
spoon	スプーン
table	テーブル

OTHERS

a little bit	少し
sometimes	ときどき

FOR SPECIAL ATTENTION

- **sit down** 腰を下ろす、座るという動作を表すときは sit down で、座っているという状態を表すときは be seated。
- **sit at the table** 「食卓につく」の場合は at を使う。「椅子に座る」の場合は They sit in / on chairs. のように in か on を使う。
- **mug** 持ち手のついた、大きなカップ。
- **dip** 固体をちょっとの間、液体に浸すことを。

Pam and Dan sit down at the table.
PamとDanは食卓につきます。

Pam drinks some coffee from her mug...
Pamはマグカップでコーヒーを飲み、

...and eats some cereal.
シリアルを食べます。

Dan drinks some tea...
Danは紅茶を飲み、

...and has an egg with bacon and toast.
ベーコンエッグとトーストを食べます。

Sometimes, he dips his toast into the yolk of his egg.
ときどき、トーストを卵の黄身につけます。

As they eat, they read the news...
彼らは食べながらニュースを読み、

...and talk a little bit.
ちょっとおしゃべりをします。

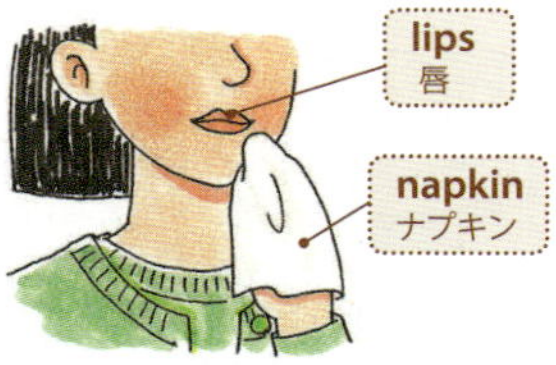

After eating, they wipe their lips with their napkins...
食べ終わってからナプキンで唇をぬぐい、

...and leave the table.
テーブルを離れます。

Leaving the House

外出する ⑩

DAY 10

SIMPLE PRESENT

Tom puts on a jacket...

Tomは上着を着て

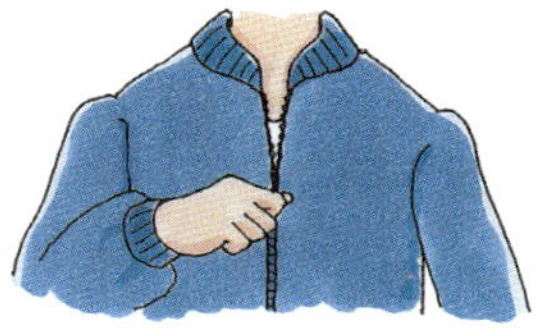

...and zips it up.

ジッパーを上げます。

He puts on his shoes and ties them.

靴を履いて、ひもを結びます。

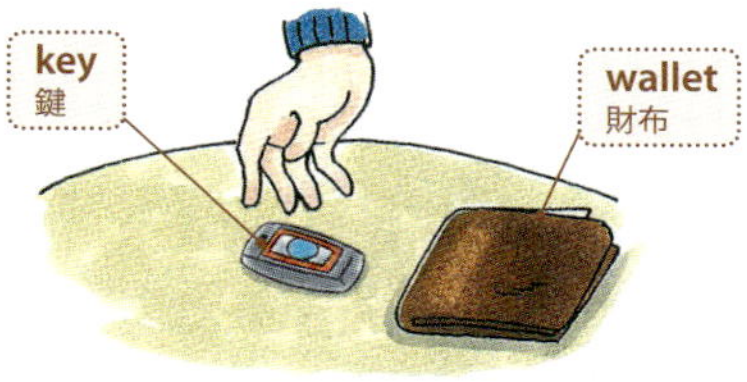

He picks up his key and wallet...

鍵と財布を取り、

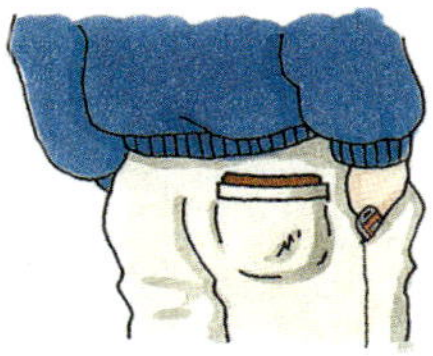

...and puts them in his pockets.

ポケットに入れます。

He picks up his backpack.

バックパックを手に取ります。

Then, he says goodbye to Jenny.

そしてJennyに「行ってきます」と言います。

He opens the door,...

玄関のドアを開けて、

...steps outside,...

外に出て

...and shuts the door.

ドアを閉めます。

KEY VOCABULARY

VERBS

open	開ける
pick up	手に取る
put in	入れる
say goodbye	別れの挨拶をする
shut	閉める
step	進む、歩く
zip up	ジッパーを上げる

NOUNS

backpack	バックパック
door	ドア
key	鍵
pocket	ポケット
shoe	靴
wallet	財布

FOR SPECIAL ATTENTION

- **leave the house** 別の言い方に leave home 「外出する」がある。
- **zip up** 反意語は unzip 「ジッパーを下げる」
- **say goodbye** 別れの挨拶には以下の表現がある。
  - See you later.「またあとで」
  - Bye.「じゃあね」
  - See you.「またね」
  - Catch you later.「また後ほど」
  - Goodbye.「さようなら」
- **shut** 同義語は close「閉める」。

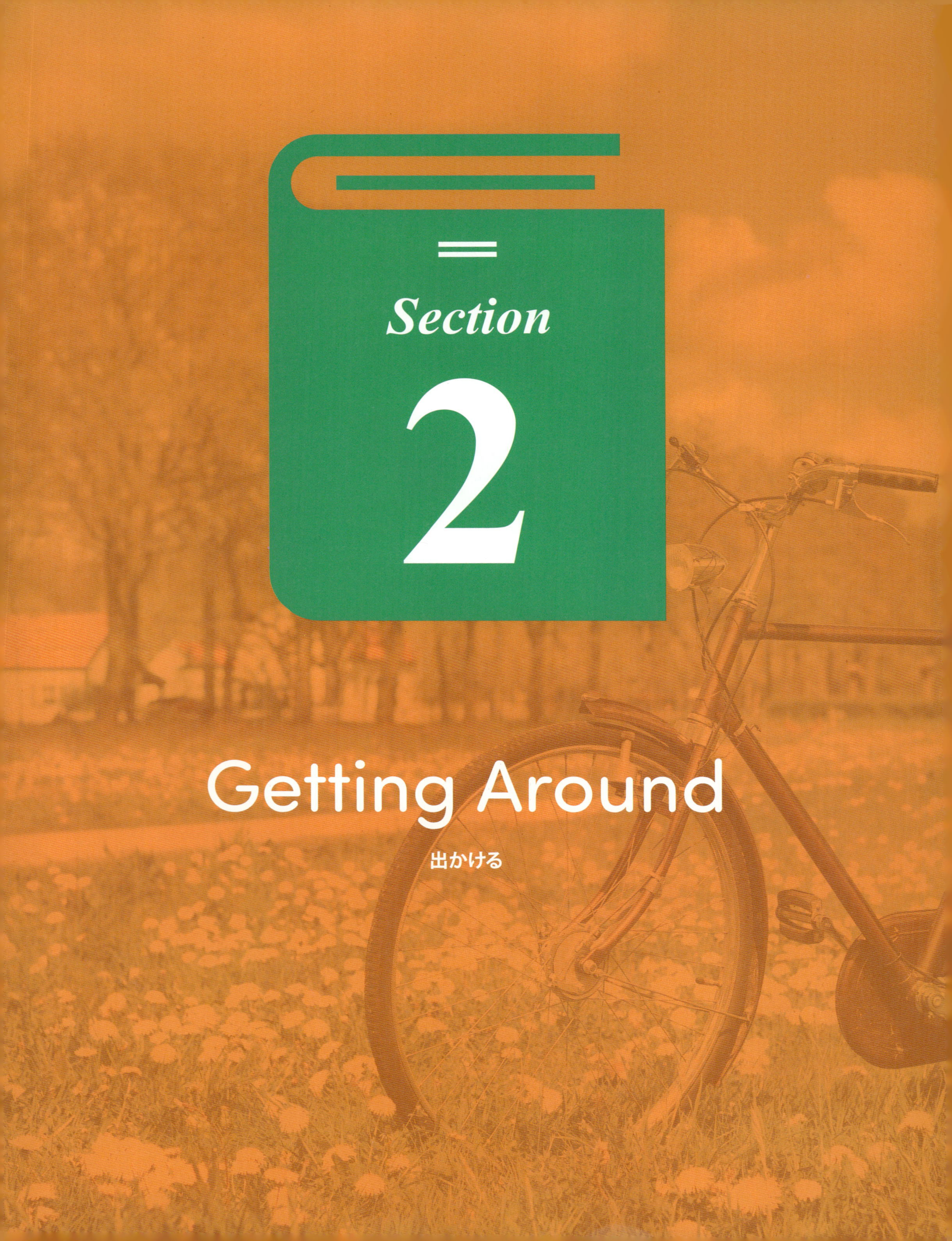

Section 2

Getting Around

出かける

Scan for Audio

DAY 11 Taking a Bus

DAY 12 Starting a Car

DAY 13 Driving Along

DAY 14 Taking a Train

DAY 15 Taking a Taxi

DAY 16 Walking Somewhere

DAY 17 Riding a Bicycle

SIMPLE PAST

DAY 11 Taking a Bus

バスに乗る 11

KEY VOCABULARY

VERBS

arrive	到着する
check	確かめる
get off	降りる
get on [get-got-got]	乗る
hold on [hold-held-held]	つかむ
pay [pay-paid-paid]	支払う
ride [ride-rode-ridden]	乗る
ring [ring-rang-rung]	鳴らす
stand [stand-stood-stood]	立つ
walk	歩く

NOUNS

aisle	通路
bar	(横方向へ伸びる)棒、手すり
exit	出口
fare	料金
pass	定期券
passenger	乗客
seat	座席
signal	信号、合図
stop	停留所

OTHERS

due	～するはずで
empty	空席の
full	満席の
overhead	頭上の
soon	まもなく

FOR SPECIAL ATTENTION

- **on time** バスなどが「定刻」に来ること。
- **aisle** バスや電車内の通路。
- **while** 「～する間に」

Jenny checked her bus schedule.

Jennyはバスの時刻表を確かめました。

Her bus—a Number 77— was due at 8:20.

彼女が乗る77番バスは8時20分到着予定でした。

She walked to the bus stop...

バス停まで歩いて行き、

...and sat on a bench to wait for the bus.

ベンチに座ってバスを待ちました。

The bus arrived on time (at 8:20).

バスは定刻(8時20分)に来ました。

The driver opened the door,...

運転手がドアを開けたので、

...and Jenny got on the bus.

Jennyはバスに乗りました。

過去の動作や状態を表す表現

Section 2 には、過去の動作や状態を表す表現が出てきます。過去形は動詞の現在形に -ed がついたものです。(これを、規則動詞といいます。) ただし、単語によって過去形が全く異なる動詞もあります。(これを、不規則動詞といいます。)

例) Mike walked to the store. [規則動詞]
マイクは店まで歩いた。

I took a bus to work. [不規則動詞]
私は職場へバスで行った。

不規則動詞は Key Vocabulary の動詞の項に[ ]で表示してあります。

動詞の過去形と一緒に使われる「時の表現」

- **yesterday** 昨日
- **last week** 先週
- **last month** 先月
- **last year** 昨年
- **last Monday, etc.** 先週の月曜日、など
- **two weeks ago** 2週間前
- **five days ago** 5日前
- **a few minutes ago** 2、3分前
- **a year ago** 1年前

She scanned her bus pass.

彼女はバスの定期券を読み取り機にかざしました。

Other passengers paid their fares.

料金を支払う乗客もいました。

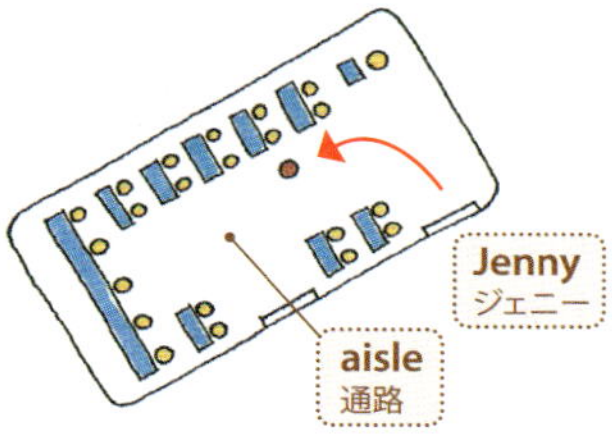

All the seats were full, so Jenny stood in the aisle.

空席がなかったので、ジェニーは通路に立っていました。

She held on to a strap on the overhead bars.

頭上の手すりについている吊り革につかまりました。

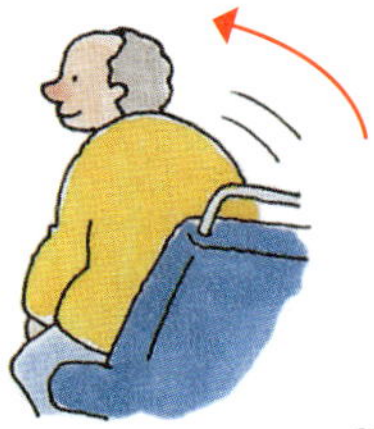

Soon, someone got off the bus, so a seat was empty.

すぐに、降りる人がいたので、席が１つ空きました。

Jenny sat down and read a book while she rode the bus.

Jennyはバスに座って、ずっと本を読んでいました。

Near her stop, she pressed the button...

降りるバス停が近づいて来たのでボタンを押し、

...to ring the "stop" signal.

「停車」の合図を鳴らしました。

She walked to the exit...

降車口まで行き、

...and got off at her stop.

バス停で降りました。

Paying Bus Fare
バスの運賃の支払い方

People pay bus fare in many ways:
バスの運賃の支払い方には何通りもあります。

- by scanning a transit card
ICカードをスキャンしたり、

- in cash
現金で支払ったりします。

DAY 12

Starting a Car

車の運転1：出発する 12

KEY VOCABULARY

VERBS

adjust	調節する、合わせる
back out of	～から後ろ向きに出る
engage	かみ合わせる
look	見る
sit [sit-sat-sat]	座る
shift	変える、変速する
start	動かす
step on	踏む
turn	回す

NOUNS

accelerator	アクセルペダル
brake	ブレーキ
car	自動車
gear	ギア
gearshift	変速レバー
ignition	イグニッション
neutral	ニュートラル
parking brake	パーキングブレーキ
rear-view mirror	バックミラー
seat belt	シートベルト
shoulder	肩
turn signal	方向指示器
windshield wiper	ワイパー

FOR SPECIAL ATTENTION

- **adjust** ある物を動かしたり変えたりして適切な状態にすること。
- **the ignition** 車のエンジンの点火装置。ignitionには「引火、着火」の意味もある。
- **over one's shoulder** 「肩越しに」

Kate sat in the driver's seat, and her friends sat in the passenger seats.

Kateは運転席に座り、友人が助手席と後部座席に座りました。

Kate adjusted her seat...

運転席のシートと

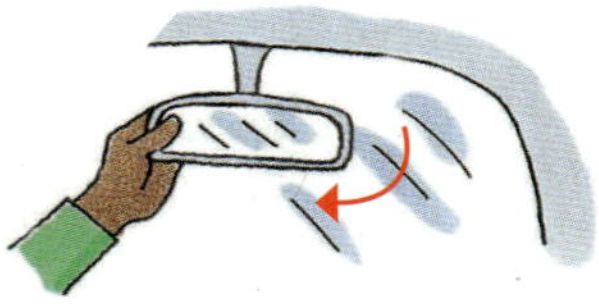

...and the rear-view mirror.

バックミラーの位置を調節しました。

She buckled her seat belt.

Kateはシートベルトを締めました。

She pressed the ignition button...

Kateはイグニッションボタンを押し、

...and started the car.

車を始動させました。

She looked over her shoulder...

肩越しに（後ろを）見て、

...and backed out of the parking space.

バックさせて駐車場から（公道へ）出ました。

Parking 駐車

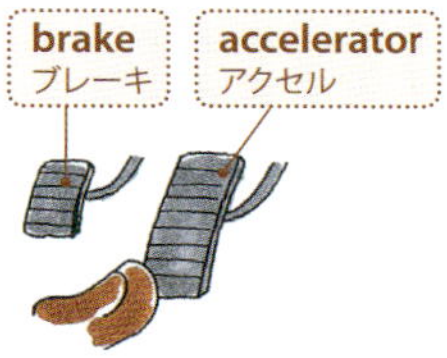

Kate slowed the car to a stop...

Kateは車を減速させ、停止させました。

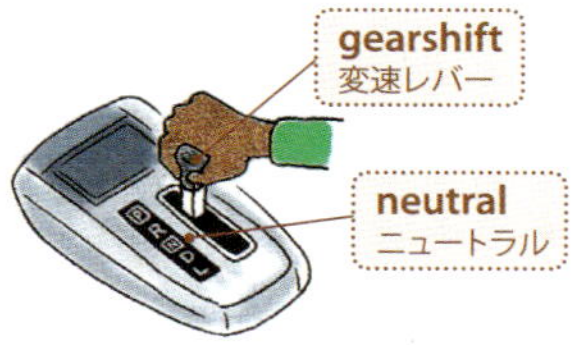

...and shifted into reverse.

そしてギアをバックに入れ、

She backed her car into the parking space.

駐車場へ車をバックさせました。

She used her rear-view camera and mirror to make sure she was within the lines.

彼女はバックモニターとルームミラーを見ながら駐車線の内側に車が納まっているか確認しました。

She parked and engaged her parking brake before leaving.

駐車させてから、パーキングブレーキをかけて車から降りました。

Speeding Up / Slowing Down 加速／減速

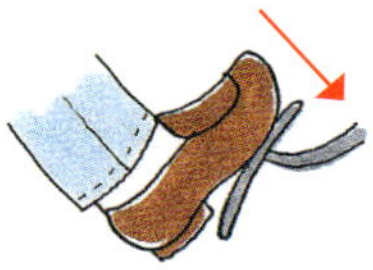

To go faster, Kate pressed the accelerator.

加速するために、Kateはアクセルを踏みました。

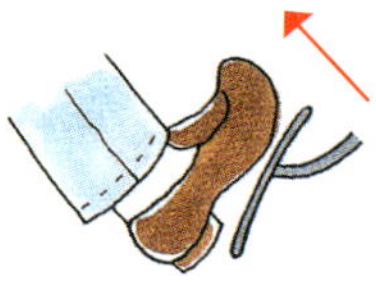

To slow down, Kate let up on the accelerator.

減速するために、アクセルから足を離しました。

When she's driving up a steep hill,...

急な坂道を車で上がる時には、

...she shifts to a lower gear.

低速ギアに切り替えます。

Stopping 停止

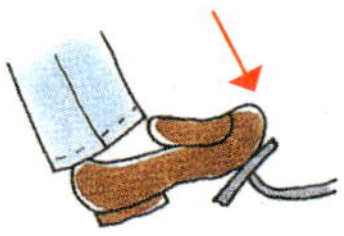

Kate stepped on the brake.

Kateはブレーキを踏みました。

Turning 方向転換

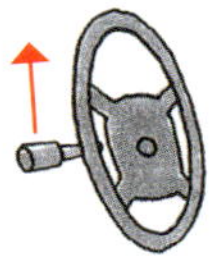

Kate put her turn signal on...

Kateはウィンカーを出して、

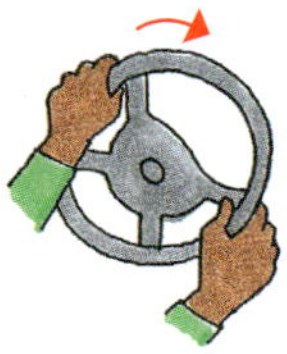

...and turned the steering wheel.

ハンドルを切りました。

When it got dark,...

暗くなったので、

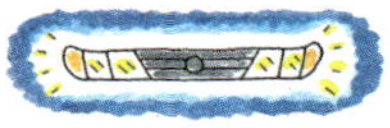

she turned on the lights.

ライトをつけました。

When it rained,...

雨の時には、

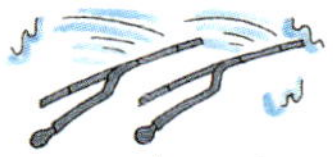

she turned on the windshield wipers.

ワイパーを作動させました。

DAY 13

Driving Along

車の運転2:ドライブする 13

KEY VOCABULARY

VERBS

change	変える
enter	入る
exit	出る
go over [go-went-gone]	超える
lock	ロックする
park	駐車する
pass	追い抜く
pump	注入する
turn left / right	左折 / 右折をする
yield	(道を) 譲る

NOUNS

freeway	高速道路
gas	ガソリン
gas station	ガソリンスタンド
lane	車線
police officer	警察官
pump	ポンプ
road	道路
speeding ticket	スピード違反の切符
speed limit	制限速度
trip	旅

OTHERS

ahead	前方へ
straight	まっすぐに

FOR SPECIAL ATTENTION

- **turn red**「信号が赤になる」。
- **pull in** 自動車やバスなどが pull in「到着する」
  - pull out「出発する」
  - pull over「片側に寄せて止める」。
  - pull up「車を止める」
- **go over a limit** 限度よりも速く、あるいは遠くまで行くこと。
- **right of way** 「優先通行権」、他車より先に通行できる権利。

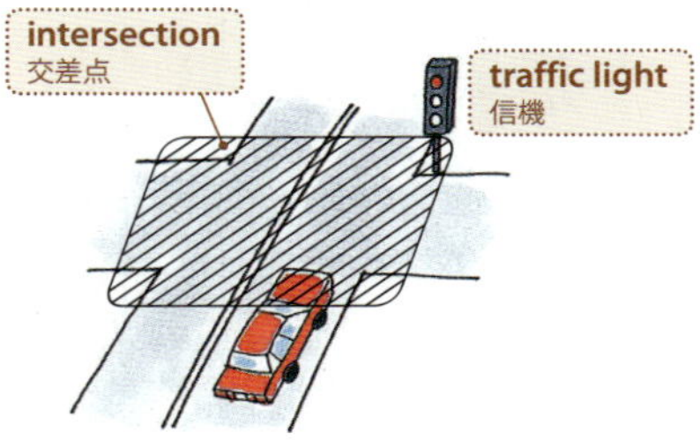

At an intersection Kate stopped for a red light.

交差点で信号が赤だったので、Kateは車を止めました。

When the light turned green, she went ahead.

信号が青になったので、発車しました。

Once, she went over the speed limit.

彼女は一度、制限速度を超えたことがありました。

A police officer stopped her and gave her a ticket.

警察官に止められ、違反切符を渡されました。

At the end of her trip, she parked...

目的地に着いたので駐車し、

...and turned the car off.

エンジンを切りました。

Kate and her friends got out of the car,...

Kateと友人たちは車から降りて、

...and Kate locked it.

Kateが(ドアを)ロックしました。

(Some Things Drivers Do ドライバーがすること)

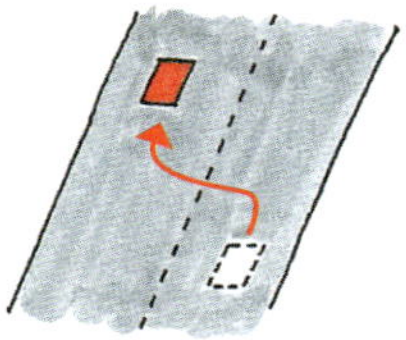

Changing lanes

車線を変更する

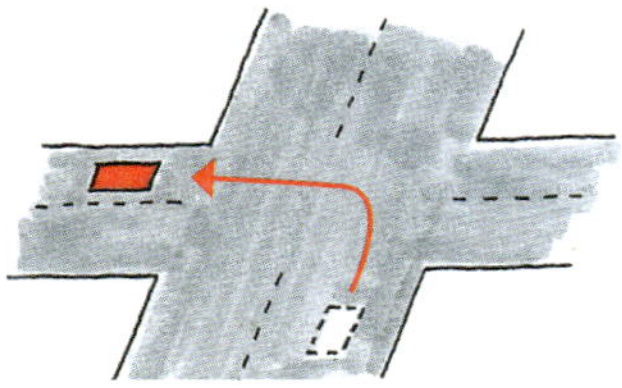

Turning left

左折する

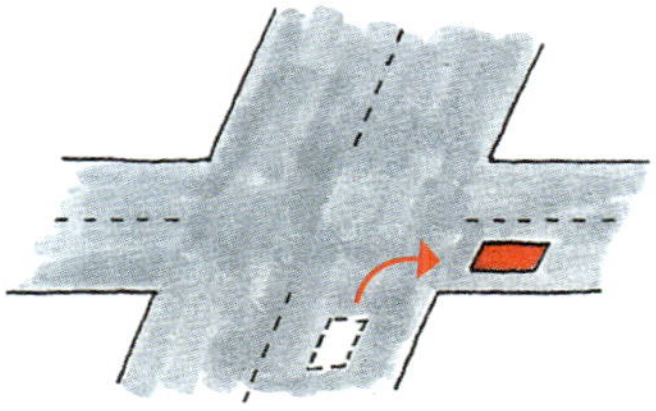

Turning right

右折する

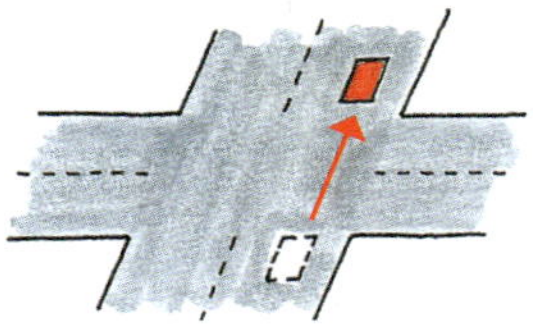

Going straight

直進する

Getting on (entering) a freeway

高速道路に乗る（入る）

Getting off (exiting) a freeway

高速道路から降りる（出る）

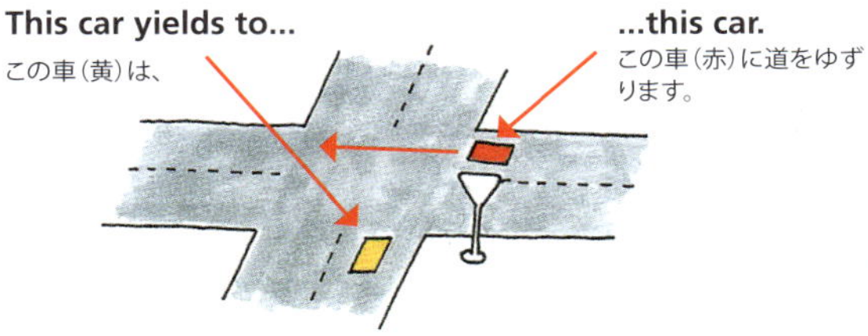
This car yields to...
この車（黄）は、
...this car.
この車（赤）に道をゆずります。

Yielding right of way

道をゆずる

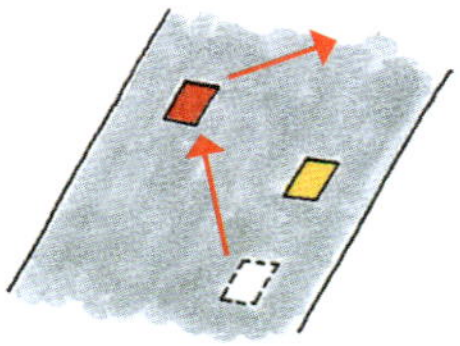

Passing someone

前の車を追い抜く

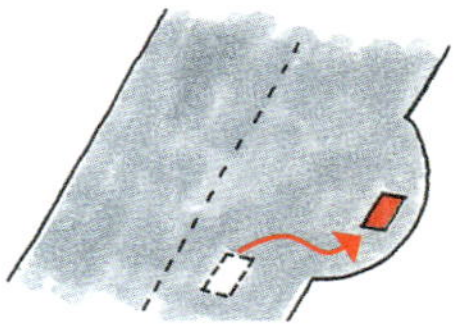

Pulling over to the side of the road

道路の端に寄せる

(Stopping for Gas 給油のために止まる)

Kate pulled into a gas station...

Kateは車でガソリンスタンドに入って、

pump
給油ポンプ

...and pulled up to a pump.

給油ポンプの前に車を止めました。

She put her card into the machine and chose a kind of gas.

彼女はクレジットカードを機械に入れた後、ガソリンの種類を選びました。

She put the nozzle in her car and filled up.

ノズルを車体に差し込み、ガソリンを満タンにしました。

She put the gas cap back on.

給油キャップを元に戻しました。

She put the nozzle back and got her receipt from the machine.

ノズルを元に戻し、機械から領収書を受け取りました。

DAY 14

Taking a Train

電車に乗る 14

KEY VOCABULARY

VERBS

announce （乗り物の到着を）告げる
buy 買う
[buy-bought-bought]
follow 従う
have to ～しなくてはいけない
[have-had-had]
take (a train) （電車に）乗る

NOUNS

gate （乗降のための）通路、ゲート
platform プラットホーム
station 駅
ticket 切符
ticket window 切符売り場
track 線路
train 列車、電車
turnstile 改札口

OTHERS

crowded 混雑した
next to 隣の、すぐ横の
other 他の

FOR SPECIAL ATTENTION

- **turnstile** 「回転式改札口」 改札口に回転式のバーがあり、切符を挿入するとバーが回転して入場できる。
- **be crowded** 混雑した状態。
- **be announced** 列車の到着などの情報が放送されること。

Tom bought a ticket from the ticket machine.

Tomは券売機で切符を買いました。

Other passengers bought tickets at the ticket window.

窓口で切符を買う乗客もいました。

Tom scanned his ticket on the turnstile card reader.

Tomは切符を改札機の読み取り装置にかざしました。

The gate opened, and Tom walked through.

改札機が開き、Tomは通り抜けました。

He followed the signs to his gate.

表示に従って乗り場まで行きました。

He waited on the platform next to the track.

線路脇のプラットホームで(電車を)待ちました。

After his train arrived, he got on.

電車が来たので乗りました。

The train was crowded, so he had to stand.

とても混んでいたので、立っていなければなりませんでした。

His station was announced,...

降車駅のアナウンスがあったので、

...and he got off the train.

電車を降りました。

Taking a Taxi

タクシーに乗る 15

DAY 15

SIMPLE PAST

Pam hailed a taxi.

Pamはタクシーを呼び止めました。

She got into the back seat...

後部座席に乗り、

リバーサイド・スクエアまでお願いします。
I need to go to Riverside Square.
Okay.
かしこまりました。

...and told the driver where she wanted to go.

運転手に行き先を告げました。

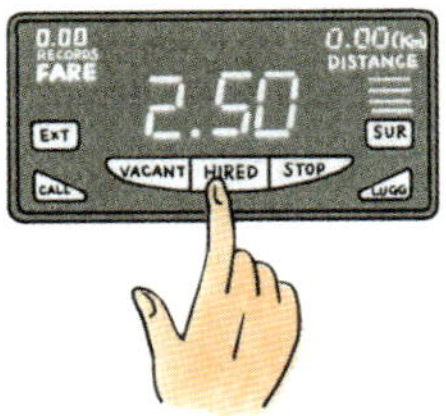
FARE
DISTANCE
2.50
VACANT
HIRED
STOP

He started the meter.

運転手は（料金の）メーターを作動させました。

Hmm. $4.50. That's about right.
フーム、4ドル50セントか。そんなものね。

She checked the meter a few times.

Pamは何度かメーターをチェックしました。

次の信号を左です。
Turn left at the next traffic light.
All right.
わかりました。

During the ride, she gave the driver directions.

乗っている間、運転手に道順を指示しました。

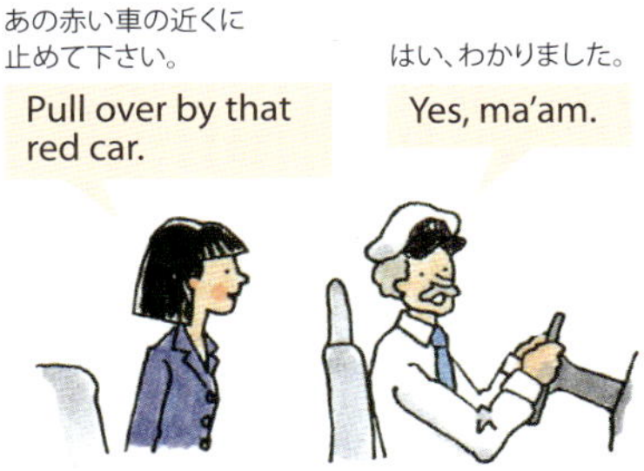
あの赤い車の近くに止めて下さい。
Pull over by that red car.
はい、わかりました。
Yes, ma'am.

She told him where to stop.

止まる場所を伝えました。

ありがとうございました。
Thank you.
6ドル20セント、それに少しですがチップです。
Here's $6.20, plus a little extra for you.

She paid the fare and gave him a tip.

料金を払い、チップを渡しました。

KEY VOCABULARY

VERBS

check	確認する
hail	呼び止める
tell [tell-told-told]	言う

NOUNS

back seat	後部座席
directions	道順
meter	メーター
ride	乗ること
taxi	タクシー
tip	チップ

OTHERS

a few times	何度か

FOR SPECIAL ATTENTION

- **hail a taxi** 別の表現として wave for a taxi / wave down a taxi / flag down a taxi がある。
- **give directions** 道順を伝えること。
- **give someone a tip** サービスが良かった場合にチップを渡すこと。

Getting a Taxi by App

アプリでタクシーを利用する方法

Pam requested a taxi with a phone app.

Pamは携帯電話のアプリでタクシーを呼んだ。

She checked the fare on her phone and paid with the app.

携帯電話で料金を確認した後、アプリで決済した。

DAY 16 Walking Somewhere

歩く 16

KEY VOCABULARY

VERBS

cross	横切る
run [run, ran, run]	走る
step over	またぐ
trip	（石などに）つまずく

NOUNS

corner	曲がり角
crack	ひび割れ
crosswalk	横断歩道
curb	（歩道の）縁石
dirt	ごみ、汚れ
overpass	（道路上にかかった）歩道橋
parking lot	駐車場
pedestrian	歩行者
puddle	水たまり
shortcut	近道
sidewalk	歩道
street	通り、街路
traffic	交通、往来

OTHERS

busy	混雑した
late	遅れた

FOR SPECIAL ATTENTION

- **take a shortcut** 通常より近い経路で行くこと。「近道をする」
- **traffic** 車や人の往来。
- **across** 「横切って」
- **overpass** 道路や鉄道・運河などの上をまたぐ高架橋。

Dan walked on the sidewalk.
Danは歩道を歩きました。

Sometimes, he stepped over dirt or puddles.
ときどき、ごみや水たまりをまたぎました。

Once, he tripped on a crack in the sidewalk.
一度は、歩道のひび割れにつまずきました。

At a corner, he stopped at the curb and waited for traffic to pass.
曲がり角では縁石でのところ立ち止まり、車が通り過ぎるのを待ちました。

Then, he crossed the street by walking in the crosswalk.
それから、横断歩道を歩いて道を渡りました。

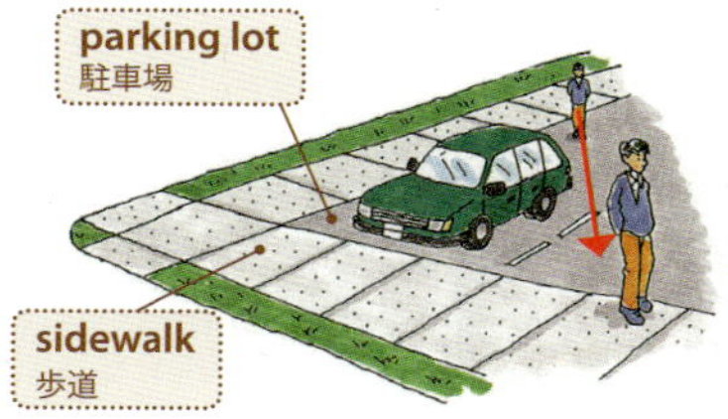

Once, he took a shortcut across a parking lot.
一度、駐車場を横切って近道をしました。

When he could, he ran because he was late.
遅れていたので、走れるときには走りました。

He crossed a busy street by using a pedestrian overpass.
交通量の多い道を渡るときには、歩道橋を使いました。

DAY 17

SIMPLE PAST

Riding a Bicycle

自転車に乗る (17)

I put on my helmet.
私はヘルメットをかぶりました。

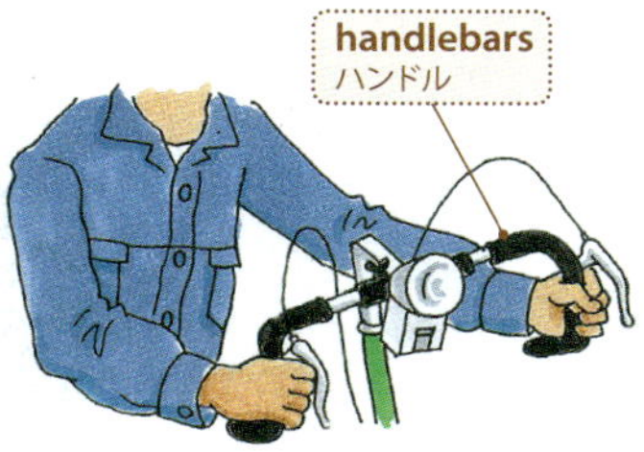

I held the handlebars...
ハンドルを握って、

...and swung my leg over the bike.
自転車の上に脚を回して乗りました。

I started pedaling, and the bike moved.
ペダルをこぐと、自転車は動き出しました。

To go uphill,...
坂道を上るために、

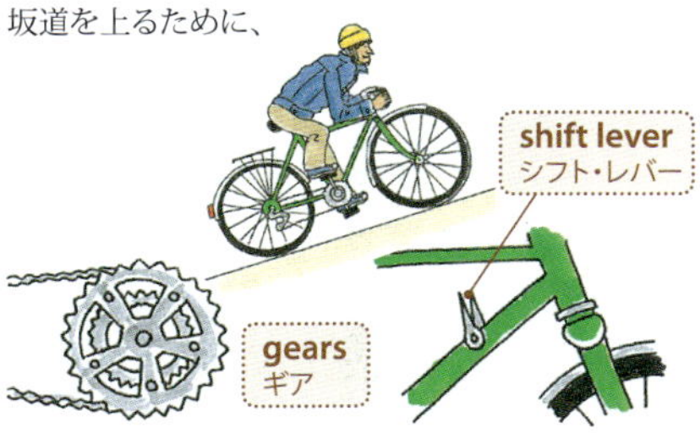

...I shifted into a lower gear.
低速のギアに変えました。

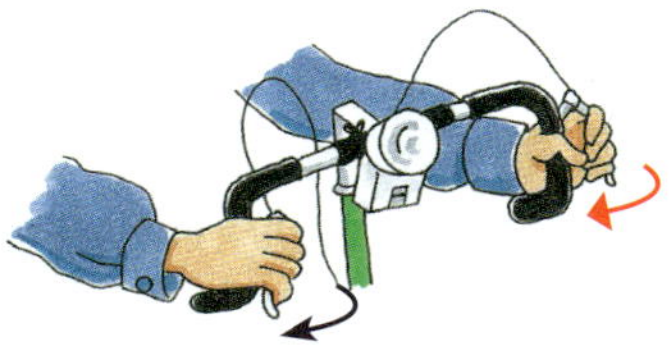

To slow down, I squeezed the brakes.
スピードを落とすために、ブレーキ・レバーを強く握りました。

Finally, I got off my bike...
最後に、自転車から降り、

...and locked it up in a bike rack.
バイク・ラックに入れて鍵をかけました。

KEY VOCABULARY

VERBS

get off [get-got-got]	降りる
lock up	鍵をかける
pedal	ペダルをこぐ
squeeze	きつく握る
swing [swing-swung-swung]	回す、振る

NOUNS

bike (bicycle)	自転車
handlebars	ハンドル
helmet	ヘルメット
leg	脚
shift lever	シフトレバー

OTHERS

finally	最後に
lower	より低い
uphill	坂を上って

FOR SPECIAL ATTENTION

- **pedal** 足で両側のペダルを踏んで自転車を走らせること。
- **squeeze** しぼったり、しめつけるようにぎゅっと強く握ったりすること。
- **go uphill** 「坂を登る」の意味で、反意表現に go downhill「坂を下る」がある

Section

3

At Home in the Evening

家で過ごす晩

Scan for Audio

DAY 18

Returning Home

帰宅 18

KEY VOCABULARY

VERBS

get back [get-got-got] 戻る、帰る
hang up [hang-hung-hung] (服などを) 掛ける
return 帰る
set down [set-set-set] 降ろす、下ろす
take off [take-took-taken] 脱ぐ
take out 取り出す
unlock 鍵を開ける

NOUNS

doorknob ドアノブ
elevator エレベーター
floor 階
front closet 玄関のクローゼット
hall 廊下
living room 居間
mail 郵便物
mailbox 郵便受け
railing 手すり
step 階段

FOR SPECIAL ATTENTION

- **take an elevator** 「エレベーターに乗る」

To an Apartment アパートへ

Dan got back to his building.

Danはアパートに帰って来ました。

He checked his mailbox and took out his mail.

郵便受けを見て、郵便物を取り出しました。

Then, he took an elevator up to his floor.

それから自分の階までエレベーターに乗りました。

He walked down the hall to his apartment.

廊下を歩いて自分の部屋へ行きました。

He opened his door and went inside.

ドアを開けて中に入りました。

Taking an Elevator エレベーターに乗る

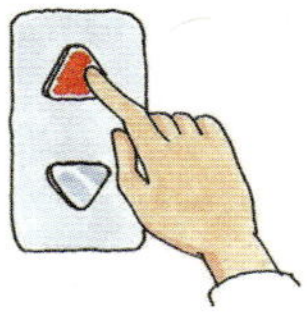

Pressing the "up" button

「上がる」のボタンを押します。

Waiting for the elevator

エレベーターを待ちます。

Getting on the elevator

エレベータに乗り込みます。

Choosing a floor

階を選びます。

Getting off the elevator

エレベータから降ります。

"家で過ごす晩"に使う動詞の大半は単純過去形

過去形の動詞と一緒に使う時間表現はp.25を参照。

- 動詞の-ing形は次のように、名詞または形容詞の役割をする。
  - 名詞 : "Taking an Elevator"にある "pressing," "waiting"
  - 形容詞 : "To a House"にある "washing machine"

To a House 家へ

I got back to my house.
私は家に帰ってきました。

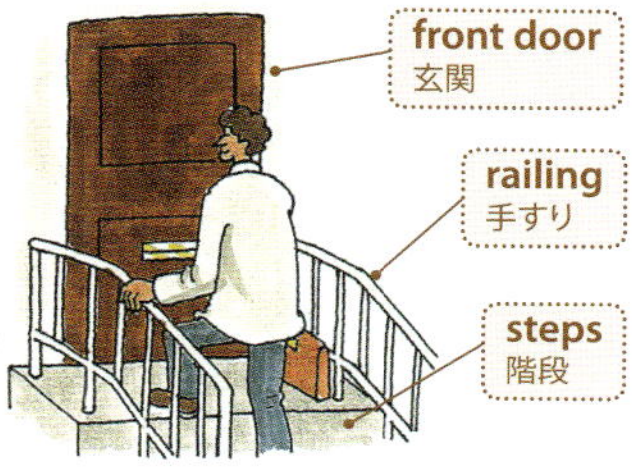

I walked up the steps to my front door.
玄関まで階段を上りました。

I unlocked the front door with my house key...
鍵を開けてから、

...and then opened the door by turning the doorknob.
ノブを回してドアを開けました。

I set my bag down.
カバンを下ろしました。

I hung my coat up in the front closet...
コートを玄関のクローゼットに掛け、

...and took off my shoes.
靴を脱ぎました。

I picked up my mail.
郵便物を拾い上げました。

Then, I went into the living room...
それから居間に入って、

...and turned on the air conditioner.
エアコンの電源を入れました。

I took off my work clothes and put them in the washing machine. (see p. 70)
外出着を脱ぎ、それらを洗濯機に入れました。

I changed into some casual clothes. (see p. 12)
普段着に着替えました。

DAY 19

Preparing Vegetables

野菜を下ごしらえする 19

KEY VOCABULARY

VERBS

boil	(お湯を) 沸かす
chop up	切り刻む
drain	水切りをする
grate	おろす
mix	交ぜる、混合する
peel	皮をむく
prepare	準備する
rinse	ゆすぐ、洗う
sprinkle	振りかける
steam	蒸す
throw away	捨てる

NOUNS

basket	かご
bowl	ボウル
broccoli	ブロッコリー
carrot	ニンジン
colander	(台所用) 水切りボウル、ざる
cucumber	キュウリ
cutting board	まな板
dressing	ドレッシング
grater	おろし金
lettuce	レタス
lid	蓋
saucepan	片手鍋
steam	水蒸気
vegetable	野菜

OTHERS

boiling	沸騰している
on top	上に

FOR SPECIAL ATTENTION

- **grated** おろし金(grater)を使って「細かくおろした」
- **dressing** ドレッシング
- **slice** 「薄く切る」という意味で、他に「たたき切る」という意味のchopがある
- **stalk** 「(植物の) 茎の意味。floretはブロッコリーのような野菜の小さな花を意味する。
- **steam** 蒸す

Making a Salad サラダを作る

Paul rinsed some lettuce by running water over it...

Paulは流水でレタスを洗って

...and drained it in a colander.

ざるで水切りをしました。

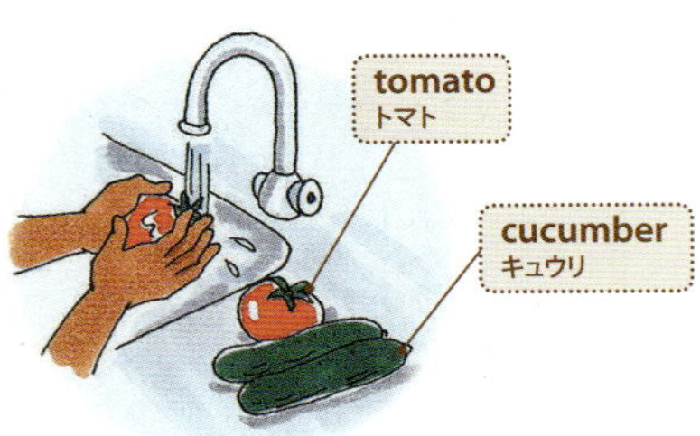

He also rinsed some tomatoes and cucumbers...

トマトとキュウリを洗った後

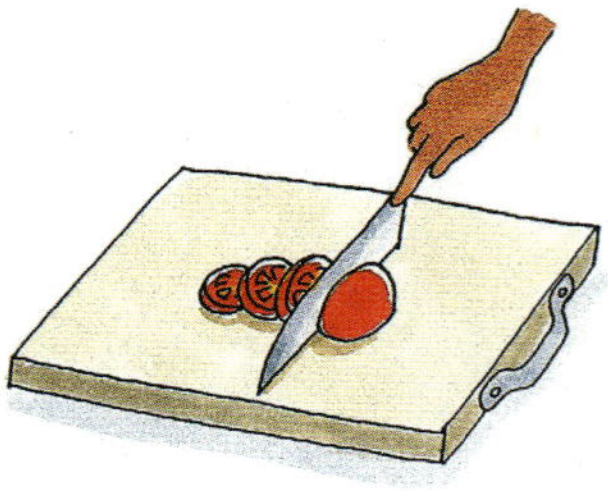

...and sliced them with a knife on a cutting board.

まな板の上に置いて包丁で薄切りに切りました。

He mixed the lettuce and the cucumber in a salad bowl...

サラダボウルでレタスとキュウリを交ぜて

...and laid the tomato slices on top.

上にトマトスライスをのせました。

Then, he sprinkled some grated cheese on the salad.

それからサラダの上におろしたチーズを振りかけました。

He poured some dressing on his salad.

サラダの上にドレッシングをかけました。

Steaming Vegetables 野菜を蒸す

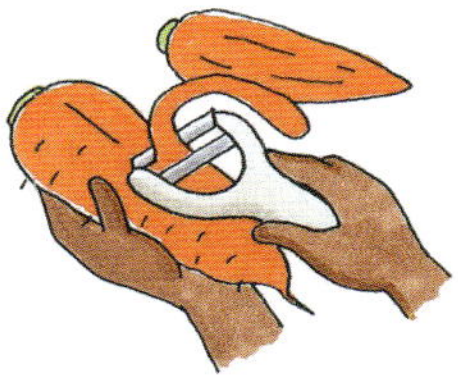

Kate peeled some carrots...
Kateはニンジンの皮をむいて

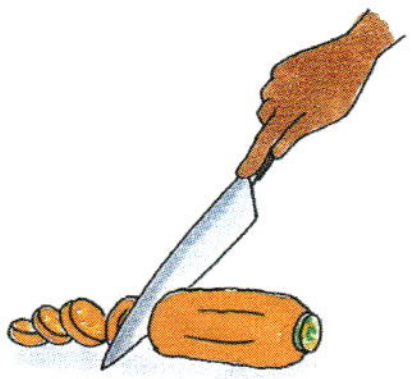

...and sliced them.
それらを薄く切りました。

She also chopped up some broccoli.
ブロッコリーも刻みました。

She threw the stalks away...
茎は捨てて

...and rinsed the broccoli.
ブロッコリーを洗いました。

She put some water in a saucepan...
片手鍋に水を注いで

...and put a steamer basket inside.
鍋の中に蒸し器を入れました。

Then, she put the vegetables in the basket.
それから蒸し器に野菜を入れました。

She put a lid on the saucepan and lit the burner under it.
鍋に蓋をしてバーナーに火をつけました。

The water boiled and steamed the vegetables.
お湯を沸かして野菜を蒸しました。

DAY 20

Making Spaghetti

スパゲティの作り方 20

KEY VOCABULARY

VERBS

add	加える
dice	角切りに刻む
drain	水切りをする
heat	熱する
ladle	すくう、くむ
let	～させる
[let-let-let]	
pour off	流して捨てる
simmer	弱火でゆっくり調理する
start	始める
stir	かき混ぜる
turn down	(火を) 小さくする
turn off	(ガスなどを) 止める

NOUNS

beef	牛肉
can	缶
colander	ざる
heat	熱、熱さ
ladle	しゃくし
liquid	液体
meat	肉
mixture	混合、混合物
onion	タマネギ
sauce	ソース
saucepan	片手鍋
solid	固体
spaghetti	スパゲティ
spatula	へら
spice	香辛料
tomato sauce	トマトソース

OTHERS

another	もう1つの、別の
tender	柔らかい

Kate diced an onion...

Kateはタマネギをさいの目に刻んで

...and fried it with some ground beef in a frying pan.

フライパンでひき肉と一緒に炒めました。

As the beef-and-onion mixture fried, she stirred it.

牛肉とタマネギを交ぜながら炒めました。

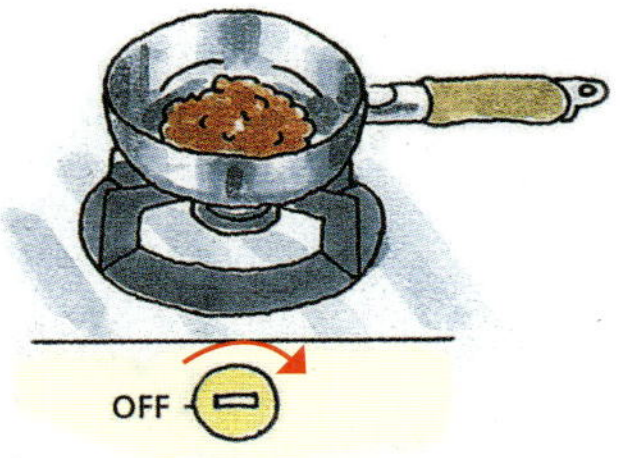

When the meat was brown, she turned off the burner.

肉が(焼けて)茶色くなったので、バーナーの火を止めました。

She poured the fat off into a can.

脂を缶に捨てました。

She heated two cans of tomato sauce in a saucepan.

2缶のトマトソースを鍋に入れて温めました。

FOR SPECIAL ATTENTION

- **ground beef** groundはgrindの過去分詞形で、ground beefは「ひき肉」を意味する。
- **fat** 肉から出る脂、脂肪を意味する。
- **pour off / drain** 液体を固体から分離するために液体をpour off (流して捨てる) したり、固体をdrain (水切りする) する。
- **spice** 香辛料。
- **simmer** 弱火でゆっくり調理すること。
- **tender** 「食べやすい柔らかさ」という意味。
- **ladle** ソースなどをにかける時に使う「しゃくし」。
- **fryとboilの使用例文**
  - Kate fried the meat. Kateは肉を炒めた。
  - The meat fried. 肉が焼けた。
  - Kate boiled the water. Kateは湯を沸かした。
  - The water boiled. 湯が沸いた。
  - The noodles boiled in the water. 麺がゆで上がった。

She added the mixture of beef and onions...

混ぜた牛肉とタマネギを入れて

...and stirred it into the sauce with some spices.

いくつかの香辛料をソースに入れてかき混ぜました。

When it started to boil,...

煮立ち始めると、

...she turned down the heat and let the sauce simmer.

弱火にして、ゆっくりソースを煮込みました。

In another pan, she boiled some water.

別の鍋で湯を沸かしました。

She put some spaghetti into the boiling water...

湯にスパゲティを入れて

...and boiled it until it was tender.

柔らかくなるまでゆでました。

In a colander, she drained the spaghetti.

ざるでスパゲティの水切りをしました。

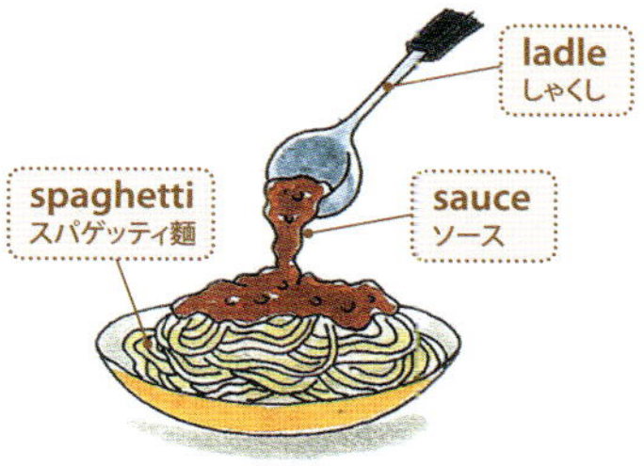

After putting the spaghetti on a plate, she ladled some sauce over it.

スパゲティを皿に盛り、しゃくしでソースをすくってかけました。

Liquids and Solids 液体と固体

Some liquids
液体

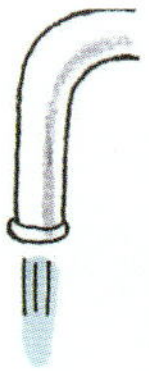

water
水

melted butter
溶かしたバター

tomato sauce
トマトソース

Some solids
固体

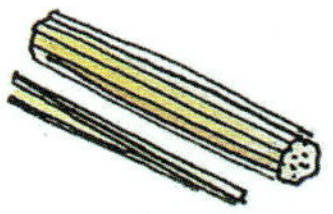

spaghetti
スパゲティ

onion
タマネギ

pan
フライパン

a piece of butter
一切れのバター

sugar
砂糖

DAY 21

Cooking Rice

ご飯を炊く 21

KEY VOCABULARY

VERBS

boil	煮る
cook	調理する
get rid of [get-got-gotten]	取り除く
measure out	量る、計測する
pour	注ぐ
pour off	捨てる
press	押す
rinse	洗う
spoon	(スプーンで) すくう
turn off	(電源を) 切る
turn on	(電源を) 入れる

NOUNS

button	ボタン
cup	カップ
dirt	ほこり、汚れ
husk	ぬか
lid	蓋
plate	皿、器
pot	釜、おひつ
rice	米、ご飯
rice cooker	電気炊飯器
water	水

OTHERS

automatically	自動的に
clean	きれいな
done	出来上がった～、完成した～

FOR SPECIAL ATTENTION

- **measure out** ～を量り分ける。
- **husk** ぬか

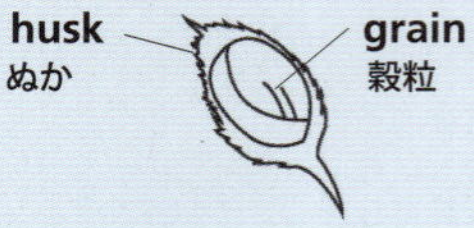

- **be done** 出来上がる、終わる
  (例) Food that is done is fully cooked.
  出来上がった食べ物とは完全に調理が終わった食べ物を意味する。

Paul measured out one cup of rice...
Paulはカップ1杯文の米を量って

...and poured it into the pot of a rice cooker.
炊飯器の釜に入れました。

To rinse the rice, he put some water in the pot.
米をとぐために、釜に水を注ぎました。

He poured off the water to get rid of the dirt and husks.
汚れやぬかを取り除くために、米をといだ水を捨てました。

Then, he measured out two cups of clean water and poured them into the pot.
それから、コップ2杯の水を釜に注ぎました。

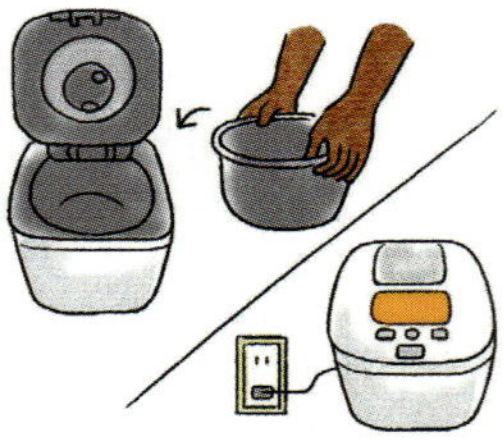

He put the pot into the rice cooker and closed the lid on the cooker.
釜を炊飯器に入れて蓋を閉めました。

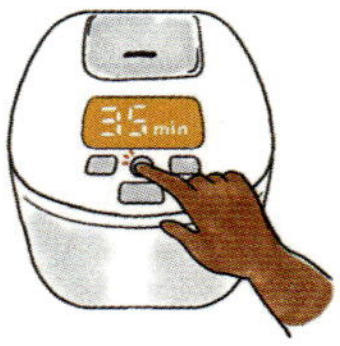

He turned it on by pressing the button.
スイッチを押して電源を入れました。

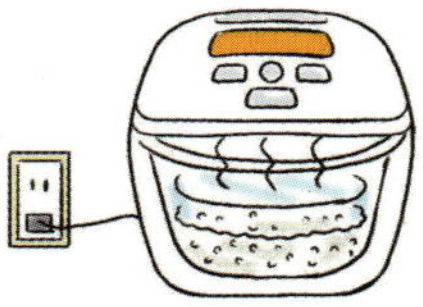

The rice boiled in the cooker.
釜の中でご飯が炊けました。

When the rice was done, the cooker turned off automatically.
ご飯が炊き上がって、炊飯器の電源が自動的に切れました。

Paul spooned some of the cooked rice onto his plate.
Paulは炊けたご飯を掬って自分の皿に盛りました。

Eating Dinner

夕食をとる 22

Paul and Kate Set the Table

PaulとKateが食卓を整えました。

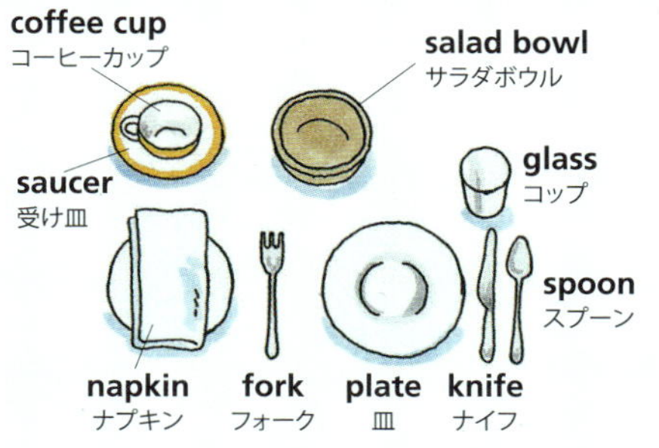
coffee cup
コーヒーカップ
salad bowl
サラダボウル
saucer
受け皿
glass
コップ
spoon
スプーン
napkin
ナプキン
fork
フォーク
plate
皿
knife
ナイフ

Everyone sat down at the table.
全員が食卓につきました。

They put their napkins on their laps.
ひざにナプキンを置きました。

Paul helped himself to some salad...
Paulはサラダを取り、

Pass the salad, please.
サラダを回して。

...and passed the serving dish to Kate.
大皿をKateに渡しました。

Then, they helped themselves to the food.
それから、各自が料理を取り分けました。

So, where did you go today?
今日はどこかに行ったの。
Nowhere special.
別にどこにも。

As they ate, they talked.
彼らは食べながら、おしゃべりをしました。

I'll have a bit more of this.
これ、もう少し食べようかな。

Paul had a second helping of spaghetti.
Paulはスパゲティをお代わりしました。

Mmm. Ice cream.
ウーン、アイスクリーム。
Looks good.
おいしそうだ。

After the main course, they had some dessert.
メインコースのあとでデザートを食べました。

KEY VOCABULARY

VERBS

pass	手渡す、回す
set (a table)	食卓を整える

NOUNS

coffee cup	コーヒーカップ
dessert	デザート
dinner	夕食
food	食べ物、料理
helping	(食べ物の)一盛り
lap	ひざ
main course	(料理の) メインコース
serving dish	大皿

FOR SPECIAL ATTENTION

- **help yourself** 「(飲食物を)自分で取る」
- **helping** 「食べ物の一杯、一盛り」
- **lap** 椅子に座った時の「ひざから腰までの部分」を指す。

SIMPLE PAST

DAY 23

Cleaning Up

掃除をする

KEY VOCABULARY

VERBS

carry	運ぶ
clean up	片付ける
clear	きれいにする
do dishes	食器を洗う
drip off	ポタポタ落ちる
fill	満たす
offer	申し出る
put away	片付ける
scrape	こすり取る
scrub	ごしごしこする
stack up	積み上げる
wipe off	拭き取る

NOUNS

container	容器
crumb	パンくず
cupboard	食器棚
dish	食器、皿
dish rack	水切りかご
dish soap	食器用洗剤
dish towel	ふきん
dishcloth	皿洗い用の布
drain	排水管
garbage	生ごみ
kitchen	台所
leftovers	(料理の)残り物
plug	栓
refrigerator	冷蔵庫
rest	残り
scrap	くず、残飯
scrubbing pad	食器洗い用スポンジ

FOR SPECIAL ATTENTION

- **offer to ~** 誰かに頼まれたからでなく自ら進んで「～しようと申し出る」の意味。
- **leftovers** 食事の後、(手をつけずに)残った料理。保存できる残り物。
- **dish soap** 「洗剤」。detergent とも言う。
- **down the drain**
「排水管を通って」という原義から、「無駄になって」とか「失われて」という口語表現になった。
例) Andy lost his paper. He felt like all his hard work went down the drain. 「アンディはレポートをなくしてしまった。今までの苦労が無駄になったという思いだった」

Clearing the Table 食事の後片付けをする

After everyone was done, Paul and Kate offered to clear the table.
食事が終ると、ポールとケイトが後片付けをすると言いました。

Paul and I will clean up.
Paulと私が片付けるわ。
Yeah. The rest of you just sit and relax.
うん。皆、座ったままでゆっくりしていてくれよ。

They stacked up the dirty dishes...
彼らは汚れた食器を重ね、

...and carried them to the kitchen.
台所に運びきました。

leftovers
残り物

They took the serving dishes off the table...
大皿をテーブルから片付け、

container
容器

...and put the leftovers into containers,...
残り物を容器に入れ、

refrigerator
冷蔵庫

...which they put into the refrigerator.
冷蔵庫に入れました。

scraps
残飯

They scraped the scraps from the plates into the garbage.
皿の食べ残しをこすり取って、生ごみ入れに捨てました。

crumbs
パンくず

Then, they wiped the table off...
そしてテーブルをきれいにふき、

...and threw the scraps and crumbs from the table into the garbage.
テーブルの上の食べかすやパンくずを生ごみ入れに捨てました。

Doing Dishes 皿洗いをする

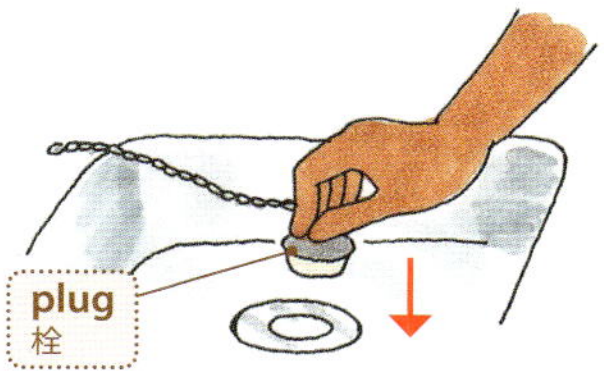

Paul put the plug into the drain in the sink.
Paulは流しの排水口に栓をしました。

Then, he filled the sink with water.
それから流しにたっぷりと水を入れました。

He put some dish soap into the water.
洗剤を少し水の中に入れました。

He washed the dirty dishes.
汚れた皿を洗いました。

He scrubbed some very dirty dishes.
汚れのひどい皿はこすりました。

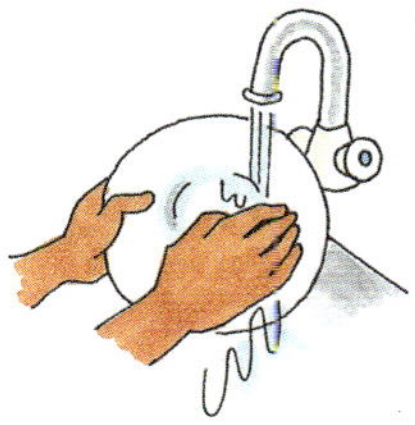

Then, he rinsed the dishes.
そして皿をすすぎました。

He put the wet dishes in the dish rack,...
ぬれた皿を水切りかごに入れておくと、

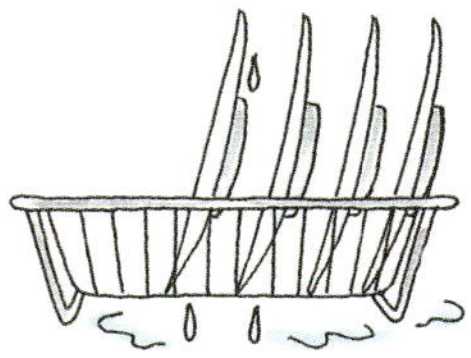

...where the water dripped off them.
水が切れました。

Then, he pulled the plug from the sink,...
それから流しの栓をはずすと、

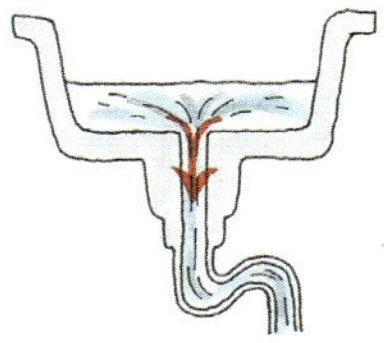

...and the dirty water went down the drain.
汚れた水が排水管に流れ落ちました。

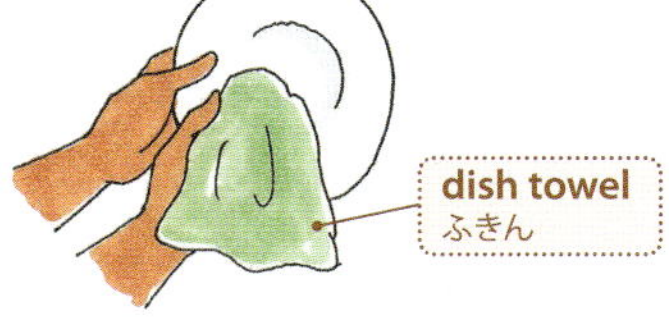

He dried the dishes with a towel...
皿をふきんでふいてから、

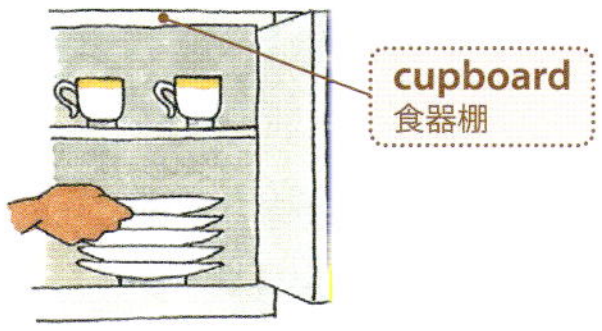

...and then put the dishes away.
皿をしまいました。

DAY 24

Using the Internet

インターネットを使う 24

KEY VOCABULARY

VERBS

add	加える
click	クリックする
enter	入力する
log on	ログオンする
read	読む
turn on	（電源を）入れる、つける
type (in)	打ち込む
watch	見る

NOUNS

address	アドレス
browser	ブラウザ
comment	コメント
Internet	インターネット
key	キー
keyboard	キーボード
laptop	ノートパソコン
mouse	マウス
mousepad	マウスパッド
password	パスワード
post	投稿
power cord	電源コード
profile	プロフィール
screen	画面
site	サイト
social networking	ソーシャルネットワーキング
touchpad	タッチパッド
USB cable	USBケーブル
USB port	USBポート
username	ユーザー名
video	動画

FOR SPECIAL ATTENTION

- **laptop**　ノートパソコン
- **some kinds of Internet tools**
  インターネット用語：
  - browser 「ブラウザ」。ウェブページを閲覧するためのアプリケーションソフト
  - search engine「検索エンジン」。インターネットで公開されている情報をキーワードなどで検索できるウェブサイトのこと
  - social networking「ソーシャルネットワーキング」。社会的ネットワークをインターネット上で構築すること

I turned my laptop on.
私はノートパソコンの電源を入れました。

username
alexrivera
password
Log On

I entered my username and password to log on.
ログオンするためにユーザー名とパスワードを入力しました。

GATEWARD
click

To go to the Internet, I clicked on my browser.
インターネットに接続するためにブラウザをクリックしました。

www.meetus.co

I typed in the address for a social networking site...
ソーシャルネットワーキングサイトのアドレスを打ち込み、

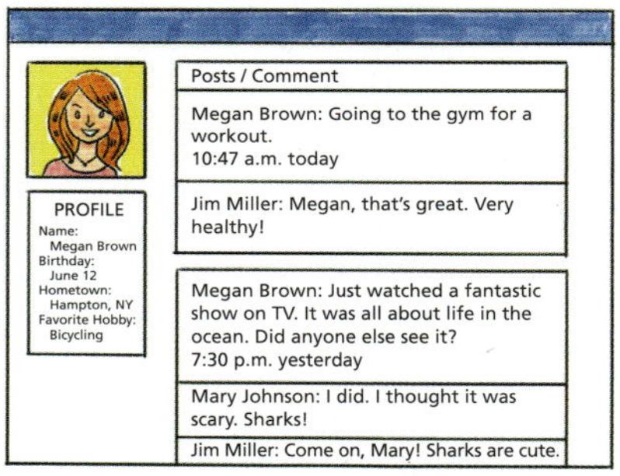
PROFILE
Name:
Megan Brown
Birthday:
June 12
Hometown:
Hampton, NY
Favorite Hobby:
Bicycling
Posts / Comment
Megan Brown: Going to the gym for a workout.
10:47 a.m. today
Jim Miller: Megan, that's great. Very healthy!
Megan Brown: Just watched a fantastic show on TV. It was all about life in the ocean. Did anyone else see it?
7:30 p.m. yesterday
Mary Johnson: I did. I thought it was scary. Sharks!
Jim Miller: Come on, Mary! Sharks are cute.

...and went to my friend's page.
友人のページへ行きました。

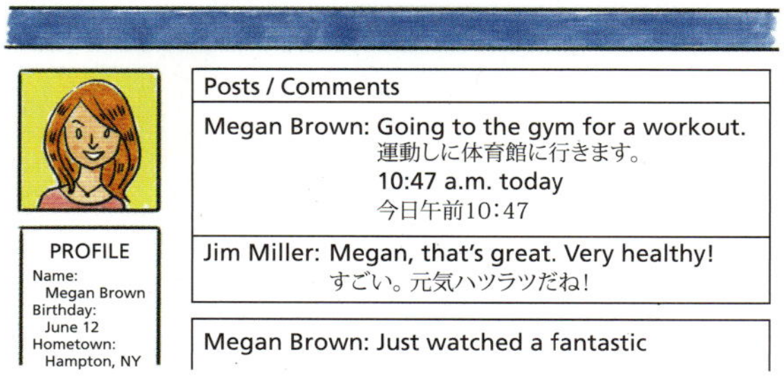
PROFILE
Name:
Megan Brown
Birthday:
June 12
Hometown:
Hampton, NY
Posts / Comments
Megan Brown: Going to the gym for a workout.
運動しに体育館に行きます。
10:47 a.m. today
今日午前10:47
Jim Miller: Megan, that's great. Very healthy!
すごい。元気ハツラツだね！
Megan Brown: Just watched a fantastic

Then, I read some posts.
それからいくつか投稿を読みました。

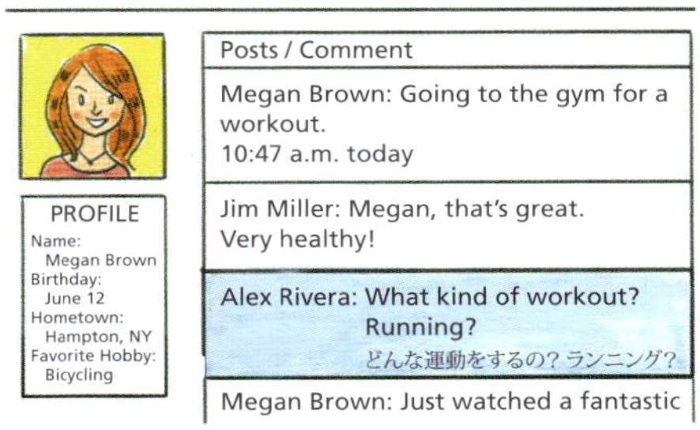

I added a comment.
コメントを加えました。

Then, at a video site, I watched a music video.
そして、動画サイトで音楽ビデオを見ました。

Parts of a Computer System パソコンと周辺機器

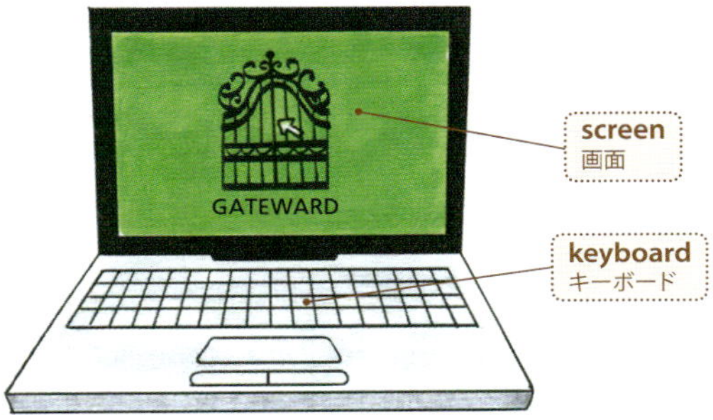

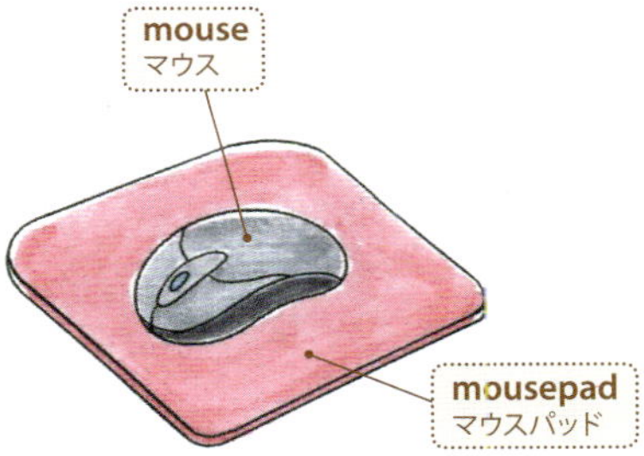

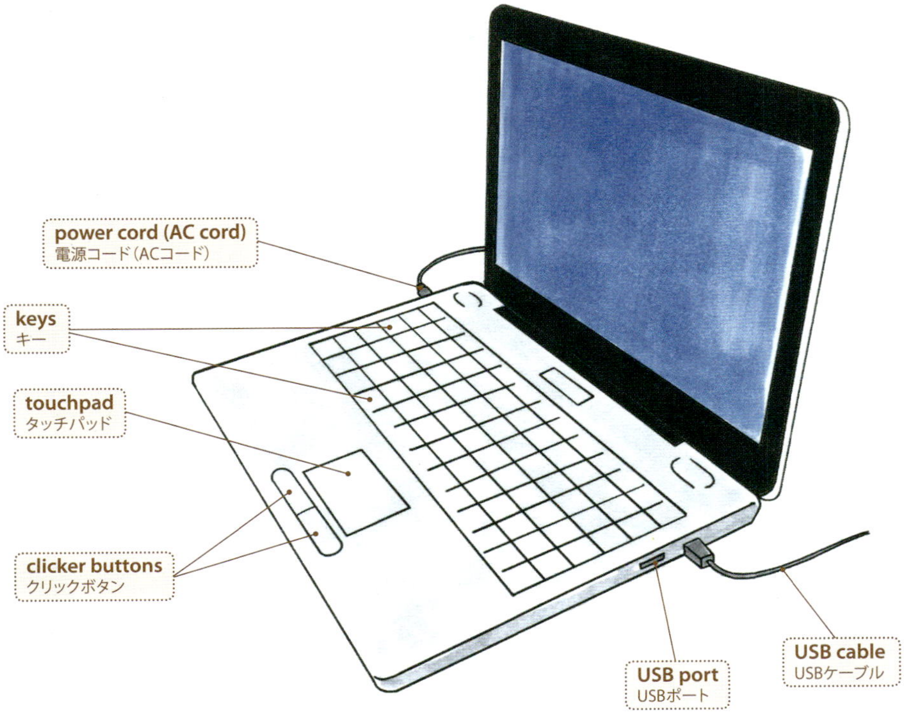

DAY 25

Listening to Music

音楽を聞く 25

KEY VOCABULARY

VERBS

adjust	調節する
get back [get-got-gotten]	戻る
hold down [hold-held-held]	押し下げる
play	再生する
press	押す
put on [put-put-put]	身に付ける
select	選ぶ
swipe	スワイプ、(画面を) 触れたまま横に滑らせる
tap	タップする
turn down	音を小さくする
turn off	電源を切る
turn on	電源を入れる
turn up	音を大きくする

NOUNS

app	アプリ、アプリケーション、応用プログラム
button	ボタン
calculator	計算機
earphones	イヤホン
icon	アイコン
menu	メニュー
music	音楽
screen	画面
second	(時間単位) 秒
volume	ボリューム、音量

FOR SPECIAL ATTENTION

- **loud** 音楽について話す時、loudの反対語でsoftを使う。
- **apps** メディア機器のソフトウェアのapplications (応用プログラム)の略語

I connected my earphones to my phone...

私はイヤホンを携帯電話につないで

...and put them on.

耳に着けました。

I selected my music application.

音楽アプリを選びました。

I looked through my music and touched the name of a playlist.

音楽チャートを見て再生リストをタッチしました。

I pressed a button on the side of my phone to adjust the volume, turned it up to make the music louder,...

ボリュームを調節するために携帯電話の側面のボリュームボタンを押して、音を大きくして

...and turned it down to make the music softer.

また押して音を小さくしました。

I searched for my favorite song,...

聞きたい曲を探して

...and I tapped the screen to play it.

画面をタップして再生させました。

To get back to the main menu, I swiped up on the screen.

画面を横に滑らせてホーム画面に戻りました。

There were icons for many apps on the main screen.

ホーム画面には多くのアプリがありました。

I touched the icon for the calculator app so I could add some numbers.

計算機アプリをタッチして足し算をしました。

To turn the phone off, I held the on / off button down for five seconds.

携帯電話の電源を切るために、電源ボタンを5秒間押しました。

Reading

読書 26

Reading a Book 本を読む

Pam opened the book to her bookmark.

Pamはしおりがあるページを開きました。

She turned the pages as she read.

本を読みながらページをめくりました。

When she saw a word she didn't know,...

知らない単語を見て

...she looked it up in a dictionary.

辞書を引きました。

When she finished reading, she closed the book.

読み終わって本を閉じました。

Some Parts of a Book 本のいろいろな部分

Reading a Magazine 雑誌を読む

Pam picked up the latest issue of *Everyone* magazine.

Pamは雑誌*Everyone*の最新号を手に取りました。

She looked at some of the ads.

いくつかの広告を見ました。

Then, she flipped through the magazine...

それからページをぱらぱらとめくって、

...until she found an interesting article.

面白い記事を見つけました。

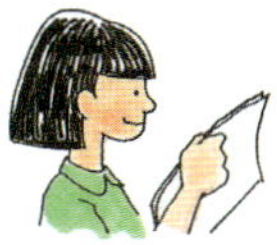

She read the article...

彼女はその記事を読んで

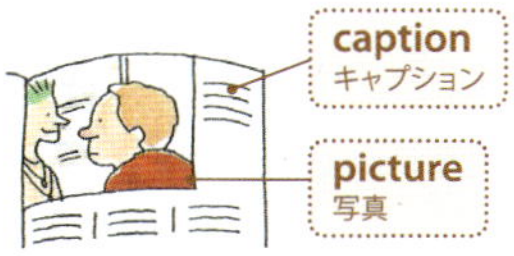

...and looked at the pictures.

写真も見ました。

KEY VOCABULARY

VERBS

close	閉じる、閉める
find	見つける
[find-found-found]	
finish	終える
know	知る
[know-knew-known]	
look at	見る
look up	調べる
mean	意味する
see	見る
turn	(ページを) めくる

NOUNS

ad	広告
article	記事
bookmark	しおり
content	内容
dictionary	辞典
index	索引、インデックス
magazine	雑誌
page	ページ
picture	写真、絵
word	単語

OTHERS

bogus	偽の
interesting	面白い
latest	最新の

FOR SPECIAL ATTENTION

- **issue** 雑誌などの「号」をいう。
  (例) the January issue 1月号
- **ad** advertisementの略
- **flip through** (ページなどを) ぱらぱらとめくる

DAY 27

Watching Television

テレビを見る 27

KEY VOCABULARY

VERBS

end	終わる
hear [hear-heard-heard]	聞く
turn off	(電源を) 切る
turn on	(電源を) つける
turn up	音を大きくする
watch	見る

NOUNS

channel	チャンネル
commercial	広告放送
game show	ゲーム番組
news	ニュース
snack	軽食
television / TV	テレビ

OTHERS

better	より良い

FOR SPECIAL ATTENTION

- **boring** 「退屈な、つまらない」の意味で、not interestingとも表す。
- **commercial** テレビやラジオの「コマーシャル」を意味する。
- **news** 「ニュース報道」の意味で単数扱い。
- **better** goodの比較級。
- **be on** 「上映中の、作動中の」
- **channels / stations** テレビにはchannelがあり、ラジオにはstationがある。
- **remote** remote controlの略。

Tom picked up the remote for the TV...

Tomはテレビリモコンを手に取って

...and turned the TV on.

テレビをつけました。

Now, for $53,
what's the name of...
さあ、53ドルの問題です。
名前は何でしょうか?

A game show was on.

クイズ番組が放送されていました。

That's boring.
つまらないな。

Tom didn't want to watch it,...

Tomはそれを見たくなかったので

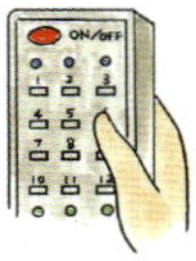

...so he used the remote...

リモコンを使って

...to change channels.

チャンネルを変えました。

VOL

He turned up the volume so he could hear better.

ボリュームを上げてもっと良く聞こえるようにしました。

Fizzo!

During a commercial,...

コマーシャルの間に

...he went to the kitchen for a snack.

軽食を取りに台所に行きました。

NEWS

He watched the news,...

ニュースを見て

That's the end of
the news.
NEWS
これでニュースを終
わります。

...and when it ended,...

ニュースが終わると

...he turned the TV off.

テレビを消しました。

Streaming Services

ストリーミングサービス 28

Jenny turned on her computer.

Jennyは自分のパソコンをつけました。

She went to her favorite streaming service.

彼女は好きなストリーミングサービスにアクセスしました。

She browsed through their new releases...

新しく公開された作品を調べ、

...and picked a show to watch.

視聴する作品を選びました。

She went to the living room to finish the show.

居間に行って、その作品を最後まで見ました。

Then, she changed to a different streaming service.

それから他のストリーミングサービスに変えました。

She searched for her favorite vlogger.

好きなブイロガーを探しました。

She watched the vlogger's livestream and chatted.

そのブイロガーのライブ配信を見ながらチャットをしました。

She subscribed to the channel to get notifications for more live streams.

より多くのライブ配信の通知を受取るために、チャンネル登録しました。

KEY VOCABULARY

VERBS

browse	検索する、調べる
change	変える、変更する
chat	話す、チャットする
pick	選ぶ、選択する
search	探す、検索する
subscribe	チャンネル登録をする

NOUNS

channel	(放送の) チャンネル
computer	コンピューター
livestream	ライブ配信
notification	通知
releases	上映中の作品、公開作品
service	サービス
show	放送番組
stream	ネット配信
vlogger	ブイロガー

*ビデオ(video)とブロガー(blogger)を合成した新語で、ビデオを通じて日常を記す人々を称する言葉。

OTHERS

streaming	ストリーミング

FOR SPECIAL ATTENTION

- **streaming services** ストリーミングサービスでは、視聴者が興味を持ちそうな番組や動画を選別して見せる場合が多い。
ユーザーはそのコンテンツに「いいね(like)」や「良くない(dislike)」などの意志表示をしたり、当該コンテンツを作ったクリエーターのチャンネルを登録したりできる。

DAY 29

Going to Bed

寝る

KEY VOCABULARY

VERBS

fall asleep [fall-fell-fallen]	寝入る
get into (bed) [get-got-got]	(ベッドに)入る
hang up [hang-hung-hung]	(服を)掛ける
lie down [lie-lay-lain]	横になる
pull back	(元の所に)引き戻す
say goodnight [say-said-said]	「おやすみなさい」と言う
set	取り付ける
yawn	あくびをする

NOUNS

closet	クローゼット
covers	カバー
face	顔
lamp	電気スタンド
laundry basket	洗濯かご
nightgown	ナイトガウン
nightstand	ナイトテーブル
room	部屋
stairs	階段

OTHERS

bedside	枕元
for a while	しばらくの間
upstairs	上階に

FOR SPECIAL ATTENTION

- **upstairs** 「上階へ」の意味。反意語は downstairs。
- **bedside lamp** ベッドのそばに置く電気スタンド。
- **set one's alarm clock for ~** 「目覚まし時計を～に合わせる」

When it got late,...
夜がふけたので

...Jenny yawned.
Jennyはあくびが出ました。

おやすみ、Jen。
Goodnight, Jen.
Goodnight, Mom, Dad.
パパ、ママ、おやすみなさい。

She said goodnight to her parents.
両親に「おやすみなさい」と言いました。

stairs
階段

She went upstairs to her room...
上階の自分の部屋に行って、

...and changed into her nightgown.
ナイトガウンに着替えました。

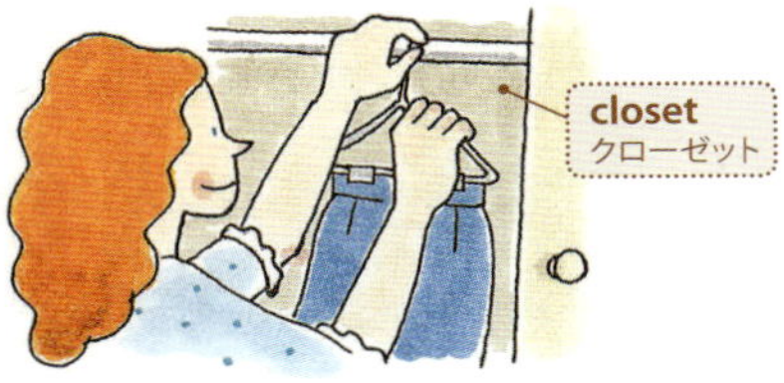
closet
クローゼット

She hung some of her clothes up in the closet...
服をクローゼットのハンガーに掛け、

...and put her dirty clothes in the laundry basket.
洗濯物を洗濯かごに入れました。

She brushed her teeth,...
歯をみがき、

...washed her face,...
顔を洗って、

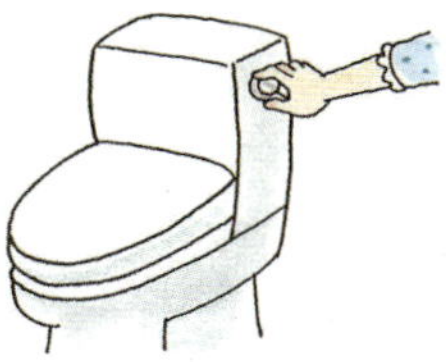

...and used the toilet.
トイレに行きました。

After turning on her bedside lamp,...
枕元の電気スタンドをつけてから、

...she turned off the room light.
部屋の明かりを消しました。

She pulled back the covers...
ベッドカバーをめくり、

...and got into bed.
ベッドに入りました。

She set her alarm clock...
目覚まし時計をセットし、

...and put it on her nightstand.
ナイトテーブルに置きました。

She read in bed for a while.
しばらくベッドの中で本を読みました。

Finally, she turned off the lamp,...
最後に、明かりを消して、

...laid down,...
横になり、

...and fell asleep.
眠りました。

Section

4

Managing a Household

家事をする

Scan for Audio

DAY 30

Doing Laundry

洗濯をする 30

KEY VOCABULARY

VERBS

do laundry	洗濯をする
fold	たたむ
iron	アイロンをかける
separate	離す、分ける
sort	分類する
spin	回転させる
take out	～を取り出す
tumble	ひっくり返す

NOUNS

basket	かご
clothesline	物干し綱
clothespin	洗濯ばさみ
color	色
detergent	洗剤
drawer	引き出し
dryer	乾燥機
hanger	ハンガー
iron	アイロン
ironing board	アイロン台
laundry	洗濯（物）
load	一抱え
setting	設定

OTHERS

dark	（色の）濃い
dry	乾いた
light	（色の）明るい
today	今日

FOR SPECIAL ATTENTION

- **sort** 物をいくつかの異なったグループに分けること。
- **a load of** 「一抱え」の意味。a load of laundry は洗濯機で洗濯する1回分の洗い物の量を指す。
- **tumble** 乾燥機で何度も繰り返して衣類を回転させること。

Later today, I'm going to do my laundry.
今日は後で洗濯をするつもりです。

I'll carry the laundry basket to the laundry room.
洗濯物の入ったかごを洗濯室まで持って行きます。

I'll take the laundry out of the basket,...
洗濯物をかごから出して、

...and then I'll sort it by separating dark colors from light.
色の濃いものと薄いものに分けます。

I'll check the pockets of the pants and shirts...
ズボンやシャツのポケットの中を確かめ、

...and take out anything I find in them.
中に入っている物があれば取り出します。

Then, I'll put a load of laundry into the washing machine.
そして洗濯物を洗濯機の中に入れます。

I'll adjust the settings on the machine.
洗濯機の設定を調整します。

Then, I'll put in some detergent...
それから洗剤を入れ、

...and turn the machine on.
スイッチを入れます。

未来を表す表現

これからすることを表現するときには、未来表現を用います。未来表現は基本的に、will (省略して'll)＋動詞の現在形で表現します。

例）I'll (will) go shopping next Sunday.
次の日曜日に買い物に行こうと思う。

will の代わりに be going to を使うこともあります。

The machine will wash,...
洗濯機が洗い、

...rinse,...
すすぎ、

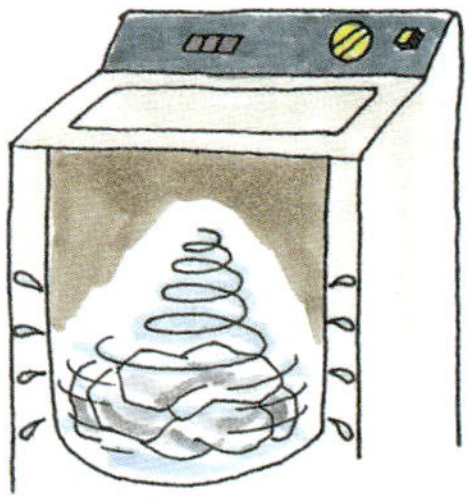

...and spin the laundry.
脱水します。

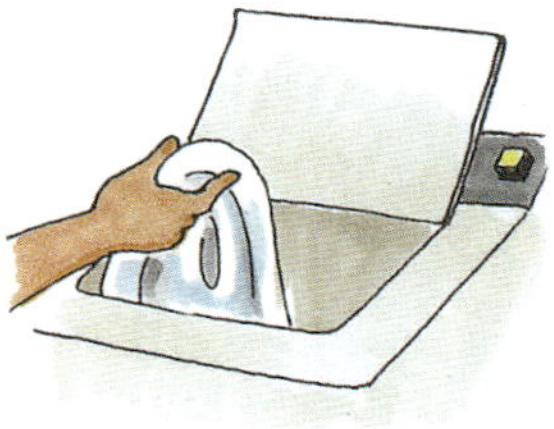

I'll take the wet clothes out of the machine.
私は濡れた衣類を洗濯機から取り出します。

I'll hang some of the laundry out to dry.
洗濯物の一部は外に干して乾かします。

I'll put some other laundry into the dryer.
乾燥機に入れる洗濯物もあります。

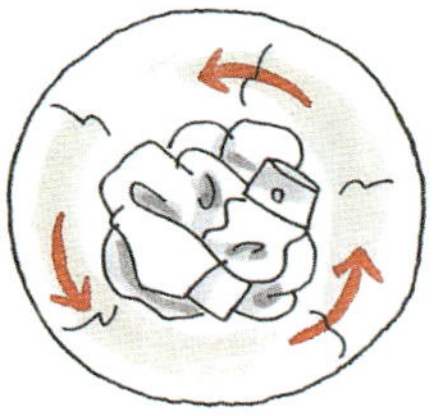

The dryer will dry it by heating and tumbling it.
乾燥機は熱を当て回転させることによって洗濯物を乾かします。

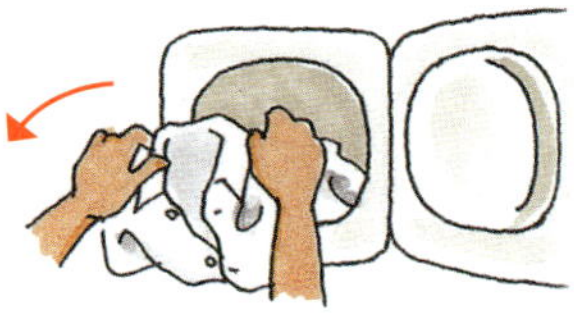

Then, I'll take it out of the machine.
乾いたら乾燥機から取り出します。

I'll fold some of the dry laundry...
乾いた洗濯物の一部はたたんで、

...and put it into drawers.
引き出しに入れます。

I'll iron other things...
アイロンをかけてから、

...and hang them up in the closet.
クローゼットに掛けておくものもあります。

SIMPLE PRESENT

DAY 31

Cleaning the House

家を掃除する 31

KEY VOCABULARY

VERBS

bundle	束ねる
clean	掃除する
dust	ほこりを払う
empty	空にする
lie around	散らかっている
mop	モップをかける
recycle	リサイクルする
set out	用意する、整える
sweep	ほうきで掃く
take out	外に持ち出す
throw out	捨てる
vacuum	掃除機をかける
wipe	拭き取る

NOUNS

bathtub	バスタブ
bottle	びん
brush	ブラシ
carpet	カーペット
countertop	（台所の）調理台
floor	床
furniture	家具
jar	（広口の）びん
medicine cabinet	（洗面所の）薬棚
mirror	鏡
trash	くず、廃物
wastebasket	くずかご
woodwork	（ドアや手すりなど）木製の部分

OTHERS

big	大きい
mushy	腐った、どろどろした
old	古い
spoiled	だめになった

FOR SPECIAL ATTENTION

- **dust** 家具などに薄く積もるちりやほこりのこと。動詞の意味は「ちり・ほこり・よごれを取る、落とす」

In the Living Room 居間で

Pam picks up things that are lying around.

Pamは散らかっている物を片付けます。

She dusts the furniture...

家具と、

...and the woodwork.

（ドアや階段など）木でできているところのほこりを払います。

Then, she vacuums the carpet.

それからカーペットに掃除機をかけます。

In the Kitchen 台所で

Dan cleans the refrigerator...

Danは冷蔵庫の中を片付けて、

...and throws out spoiled food.

だめになった食べ物を捨てます。

Pam wipes the countertops...

Pamは調理台をふき、

...and sweeps the floor.

床を掃きます。

In the Bathroom バスルームで

Dan scrubs the toilet with a toilet brush,...

Danはブラシで便器をこすり、

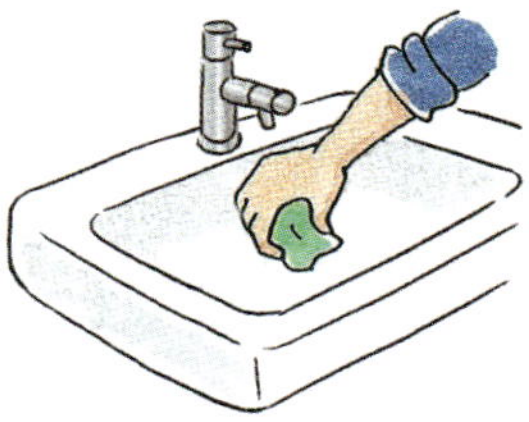

...cleans the sink,...

流しをきれいにし、

...and scrubs the bathtub.

バスタブをこすって洗います。

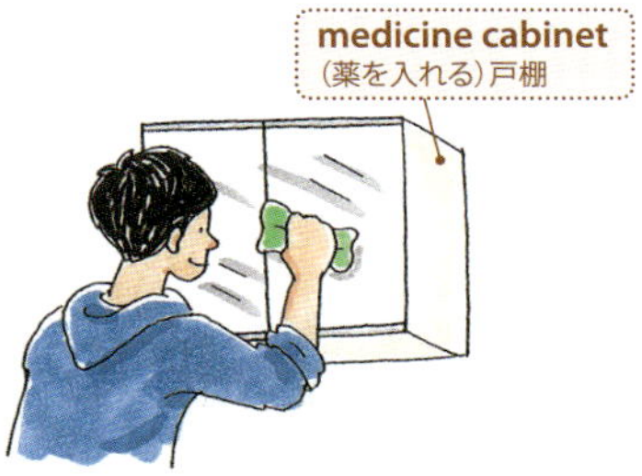

He washes the mirror on the medicine cabinet.

戸棚の鏡をみがきます。

Then, he sweeps the floor...

それから床を掃き、

...and mops it.

モップをかけます。

Taking Out the Trash ごみを出す

They bundle old newspapers...

彼らは古新聞を束ね、

...and put empty bottles, cans, and jars into bags.

空きびん、缶、広口のびんなどを袋に入れます。

They set them out for recycling.

リサイクル用に準備しておきます。

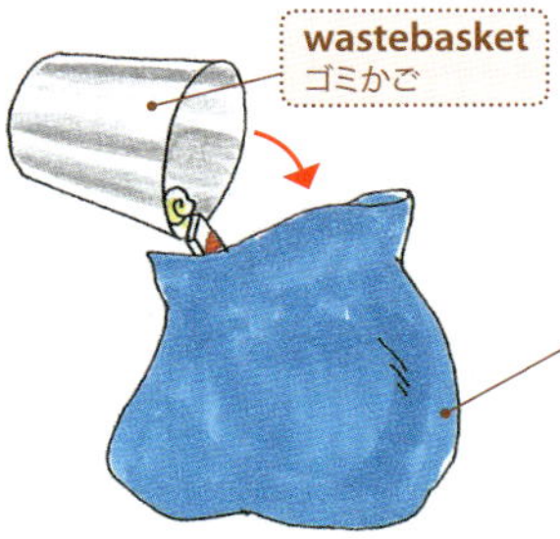

Then, they empty wastebaskets...

それから、くずかごを空にし、

...and the kitchen garbage into a big garbage bag...

台所のごみと一緒に大きなごみ袋に入れ、

...and take it out to the garbage can.

外のごみバケツまで持って行きます。

SIMPLE PAST

DAY 32

Taking Care of Pets

ペットの世話をする 32

KEY VOCABULARY

VERBS

bark	ほえる
call	呼ぶ
come [come-came-come]	来る
feed [feed-fed-fed]	餌をやる
fetch	取ってくる
pet	なでる
pounce	跳びつく
purr	のどをごろごろ鳴らす
rub	こする
wag	尾を振る

NOUNS

cat	猫
collar	首輪
dog	犬
food	えさ
leash	革ひも
stick	棒切れ
string	ひも
tail	尾、しっぽ
walk	散歩

OTHERS

fresh	新鮮な

FOR SPECIAL ATTENTION

- **litter box** 「猫のトイレ」
- **against** 「押し当てて」
- **wag** 犬がしっぽを振ること。
- **fetch** (犬が) 投げた物などを行って取ってくること。
- **cat sounds** 猫が出す声を普通 meow (ニャン) というが、猫が静かで気持ちが良い時は purr (のどをゴロゴロする)、攻撃的な時は hiss (シューッ)と鳴く。
- **pronouns used with pets** ペットには指示代名詞のitの代わりにheかsheを使う。
- **dog sounds** 犬の鳴き声には：bark (吠える)、yelp (キャンと鳴く)、whine (鼻を鳴らす)、howl (遠吠えする) などがある。

Taking Care of a Cat 猫の世話をする

Meow!
ニャーオ!

To feed his cat, Tom opened a can of cat food...

猫にえさをやるために、Tomはキャットフードの缶を開け、

...and put it in the cat's dish.

皿に入れました。

He put some fresh water in the water dish.

水入れ用の皿に飲み水を入れました。

litter box
猫のトイレ

He also cleaned the litter box.

猫のトイレも掃除しました。

Good Kitty.
いい子だね。

He petted the cat,...

彼が猫をなでてやると、

ゴロゴロゴロゴロ。
Purrr.

...and she purred and rubbed against his leg.

猫はのどをゴロゴロ鳴らしてTomの足にまとわりついて来ました。

Come on, Kitty.
Get the string.
さあ、ネコちゃん、
ひもを取ってごらん。

He played with the cat by moving a piece of string...

ひもを動かしてじゃらすと、

...which the cat pounced on.

猫は跳びついてきました。

Taking Care of a Dog 犬の世話をする

Here, Buddy.
Come on, boy.
ほら、バディ
こっちに来い。

I called my dog.
私は犬を呼びました。

After he came, I petted him.
犬が来たので、なでてやりました。

He wagged his tail...
犬はしっぽを振って、

Woof! Woof!
ワンワン!

...and barked.
ワンワンとほえました。

DOG FOOD

I put some dog food in his dish...
ドッグフードを皿に入れ、

...and filled his water dish.
水入れに水を入れました。

leash
革ひも
collar
首輪

Later, I clipped a leash to his collar...
しばらくしてから、首輪にひもを付けて、

...and took him out for a walk.
散歩に連れて行きました。

Go get it!
よーし、取って来い
stick
棒切れ

After his walk, I threw a stick for him,...
散歩のあとで、棒切れを投げると、

...and he fetched it.
犬はそれを取って来ました。

DAY 33

Cleaning a Car

車を掃除する 33

KEY VOCABULARY

VERBS

buff	みがく
dip	浸す
dry	(水を) ふく、乾かす
rinse	水ですすぐ
vacuum	掃除機を使って吸い取る
wipe off	ふき取る

NOUNS

cloth	布
dashboard	ダッシュボード
rag	ぼろ切れ、布切れ
soapy water	石けん水
sponge	スポンジ
water	水
wax	ワックス
window	窓

OTHERS

dried	乾いた
inside	内側
outside	外側
soft	柔らかい

FOR SPECIAL ATTENTION

- **rinse a car** 車体についた石けん水を洗い流すこと。
- **buff** 布を手ばやく前後 (左右) に動かしてみがくこと。
- **wax** 「ワックス」は車の表面などを磨く時に使うもの。
- **rag** 「ラグ」は端切れで、普通、古着で作る。

Inside 車の内部

I wash the windows inside,...

窓ガラスの内側を洗い、

...wipe off the dashboard,...

ダッシュボードをふき、

...and vacuum the floor.

床に掃除機をかけます。

Outside 車の外部

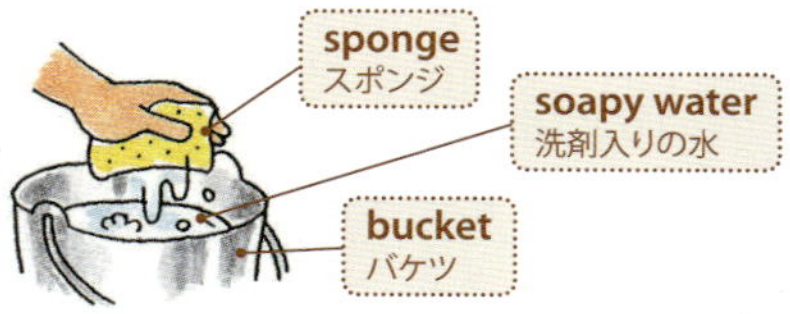

I dip a sponge into soapy water...

石けん水の中にスポンジをちょっと浸し、

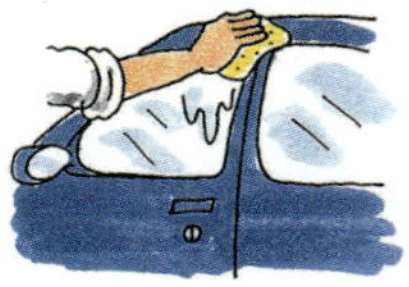

...and wash the car with it.

車体を洗います。

To rinse the car, I spray it with water.

水を吹きかけて、洗剤を落とします。

I dry it with some rags.

布切れで水をふきとります。

Then, I spread some wax on the car.

そして、車体にワックスを塗ります。

After it has dried,...

乾いてから、

...I wipe the wax off...

ワックスをふきとり、

...and buff the car with a soft cloth.

柔らかい布でみがきます。

Finally, I wash the windows outside.

最後に、窓の外側をふきます。

Taking a Car to a Garage for Repairs

車を修理工場に持ち込む 34

DAY 34

SIMPLE PAST

My car is making a strange noise. When can you look at it?
車が変な音を立てているので、見てもらえませんか？

I called for an appointment to get my car fixed.
私は電話をして車の修理を予約しました。

EDDIE'S CENTER

I took my car in to the garage,...
車を修理工場に持って行くと、

Yep. Sounds like a valve problem.
どうやらバルブに問題があるようですね。

...and the mechanic diagnosed the problem.
整備士はトラブルの原因を調べてくれました。

How much will it cost to fix?
修理代はどのくらいかかりますか。
Probably about $900.
たぶん900ドルぐらいでしょう。

I asked him for an estimate of the cost.
修理の見積額をたずねました。

engine
エンジン

He worked on the engine.
整備士はエンジンを修理しました。

Is it ready yet?
できてますか？
It's ready.
できてますよ。

When I came back later to pick up the car,...
あとで車を取りに戻って来ると、

That'll be $1,200 for parts and labor.
部品代と修理代合わせて1200ドルになります。
$1,200! Ouch!
ええ！1200ドルもするの！

...he gave me the bill for the repair.
整備士は修理代の請求書を渡しました。

KEY VOCABULARY

VERBS

ask for	たずねる
call	電話する
come back	戻る
diagnose	診断する
fix	修理する
get [get-got-got]	～させる、～してもらう
take in [take-took-taken]	～へ持ち込む
work (on)	～に従事する

NOUNS

appointment	（会合の）約束
bill	請求書
cost	料金、経費
engine	エンジン
estimate	見積もり
garage	自動車修理工場
labor	労働、仕事
mechanic	整備士
repair	修理
valve	バルブ

OTHERS

later	後で
probably	おそらく、きっと

FOR SPECIAL ATTENTION

- **for repairs** 「修理のために」。複数形にすることが多い。
- **get ~ fixed** 自分で修理するのではなく、誰かに「～を修理してもらう」の意味。
- **call for an appointment** 会う日時を決めるため相手に電話をかけること。予約の電話をすること。
- **ouch** 痛い目にあったときに出る言葉。男性が"Ouch!"と言ったのは、修理代が見積もりより高く、ものすごく驚いたからである。

SIMPLE PRESENT

DAY 35

Shopping for Groceries

食料雑貨を買う (35)

KEY VOCABULARY

VERBS

feel	触る
go through	通り抜ける
look for	探す
shop	買い物をする
try	試す
weigh	重さを量る

NOUNS

brand	ブランド
cart	カート
checkout counter	レジ
cold cut	冷肉の薄切り
counter	売り場
fruit	果物
goods	商品、品物
groceries	食料雑貨
list	リスト
peas	エンドウ豆
pizza	ピザ
price	価格
produce	農産物
sample	試供品
scale	はかり
section	売り場
shopping	買い物
toilet paper	トイレットペーパー

OTHERS

canned	缶詰めの
cheap	安い
free	無料の
frozen	冷凍の
household	家事の、家庭の
next	次に
plastic	ビニールの

FOR SPECIAL ATTENTION

- **instead of** ～の代わりに
- **on special** 普段より安い価格のついた「特売品、サービス品」。
- **dairy goods (sections)** 牛乳、ヨーグルト、バター、チーズなどの乳製品（の売り場）。
- **deli** デリカテッセン。総菜のこと。

Tom gets a shopping cart.

Tomはカートを使います。

Some people use a basket instead of a cart.

カートの代わりに買い物かごを使う人もいます。

He checks his shopping list to see what he should buy.

買い物リストを見て何を買うかをチェックします。

In the fresh produce section, he checks the fruit and vegetables by feeling...

生鮮食品の売り場では、果物や野菜を触ってみたり、

...and smelling them.

においをかいでみたりします。

He puts some fruit in a plastic bag...

ビニール袋に果物を入れて、

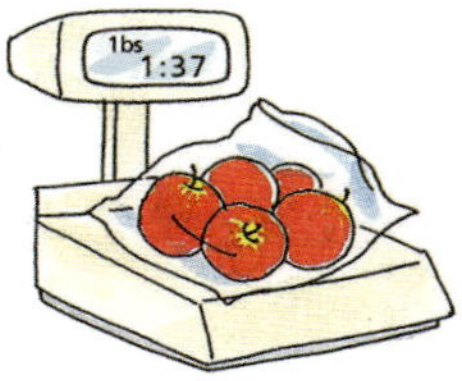

...and weighs the fruit on a scale.

はかりで重さを量ります。

MEAT
I'll have four chicken breasts, please.
チキンの胸肉を４つ下さい。

Next, he picks up some fresh meat at the meat counter.
次に、精肉売り場で肉を買います。

Some beef pastrami, please. Six slices.
ビーフ・パストラミを６枚お願いします。
DELI

Then, at the deli, he gets some cold cuts...
それから、デリカテッセンで冷肉の薄切りと、

DELI
チェダーチーズも半ポンド下さい。
And a half pound of cheddar.

...and cheese.
チーズを買います。

shelves
棚
aisle
通路

He goes through the canned goods aisle.
缶詰が並ぶ通路へ行きます。

89 ¢
79 ¢

He checks the prices on two brands of canned peas...
２種類のエンドウ豆の缶詰の値段をくらべて、

89 ¢
79 ¢

...and chooses the cheaper one.
安い方を選びます。

THIS WEEK ONLY!
79 cents/pound

As he shops, he looks for specials.
買い物をしながら特売品を探します。

toilet paper
トイレットペーパー

He picks up some toilet paper in the household goods section...
日用品コーナーでトイレットペーパーを、

MILK
MILK

...and gets some milk in the dairy section.
そして、乳製品コーナーでは牛乳を選びます。

Try some, sir. It's on special!
試食してみませんか。お買い得ですよ!

He tries a free sample of some pizza...
無料のピザを試食して、

...and takes some frozen pizza from the frozen-food case.
冷凍ケースから冷凍ピザを取ります。

Finally, he goes to the checkout counter.
最後に、レジに行きます。

DAY 36

Paying for Things

精算する 36

KEY VOCABULARY

VERBS

count out	(一つずつ)数える
insert	差し込む
print	印刷する
scan	読み取る
sign	署名する
unlock	ロックを外す
verify	判別する、確認する

NOUNS

bar code	バーコード
cashier	レジ係
change	お釣り
copy	写し
credit card	クレジットカード
fingerprint	指紋
payment slip	支払伝票
purchase	購入品
reader	リーダー、読み取り機
register	レジ
total	合計
transaction	取引

FOR SPECIAL ATTENTION

- **ring up** レジ係が商品の価格をレジに登録することを意味する。
- **scan** センサーを使ってバーコードの情報を読み取ることを意味する。
- **change** 釣り銭

The cashier rings up Tom's purchases...
レジ係はTomが買う物をレジに登録します。

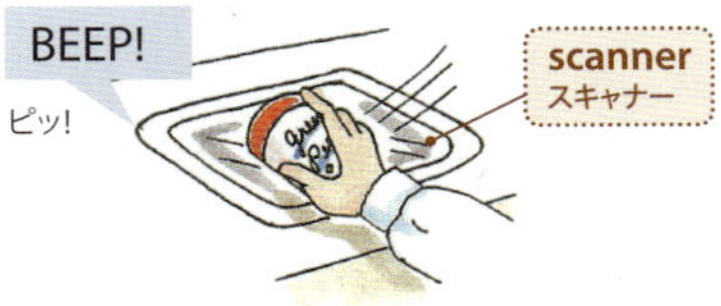
BEEP!
ピッ!
scanner
スキャナー

...by scanning bar codes...
バーコードを読み取って

cash register
レジ
keys
キー

...and pressing keys on the cash register.
レジのキーを押します。

That'll be $23.50.
全部で23ドル50セントです。

She tells him the total to pay.
レジ係は彼に合計金額を伝えます。

Paying with Cash 現金を支払う

He takes some money out of his wallet...
彼は財布からお金を出して

Here's $30.
30ドルです。

...and gives it to her.
彼女に渡します。

She puts it into the register...
彼女はお金をレジの中に入れて

...and takes out his change.
彼に渡すお釣りを出します。

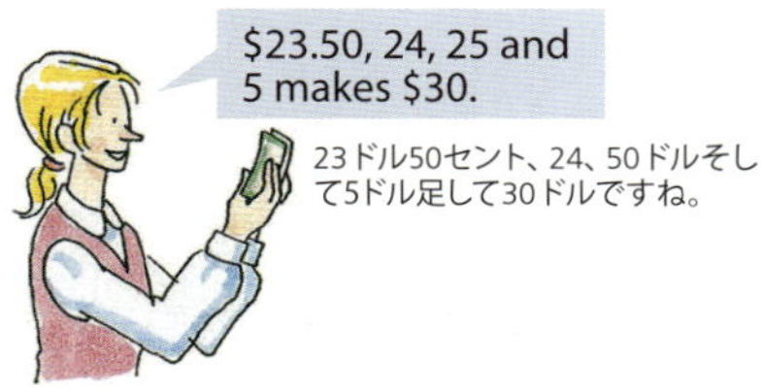
$23.50, 24, 25 and 5 makes $30.
23ドル50セント、24、50ドルそして5ドル足して30ドルですね。

She counts it out to him...
彼女は彼の前でお釣りを数えて

...and gives it to him with his receipt.
レシートと一緒に渡します。

Paying by Phone スマホで決済する

He turns on his phone.
彼は携帯電話の電源を入れます。

He opens his banking application.
モバイルバンキングのアプリを開けます。

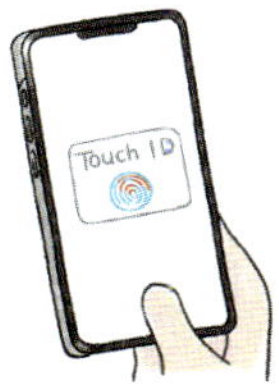

He unlocks his application with his fingerprint.
指紋でアプリのロックを外します。

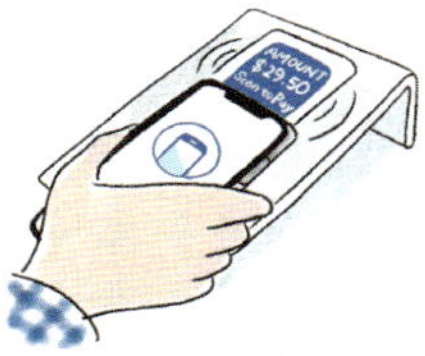

He scans his phone to pay.
自分の携帯電話をスキャナーにかざして決済します。

The cashier checks the transaction and gives him a receipt.
レジ係は取引内容を確認して彼にレシートを渡します。

Paying by Credit Card クレジットカードで払う

He gives his card to the cashier.
彼はレジ係にカードを渡します。

She inserts the card into the reader.
彼女はカードリーダーにカードを入れます。

She asks the man to verify and sign for the payment.
レジ係は彼に支払内容を確認した後，決済のためにサインを促します。

He signs the card reader.
彼はカードリーダーにサインをします。

She prints a copy of the payment slip and receipt...
彼女は支払伝票とレシートを印刷して

...and gives the man his card back.
カードと一緒に渡します。

DAY 37

Going to the Bank

銀行に行く 37

KEY VOCABULARY

VERBS

ask for	求める
endorse	(小切手に)裏書きする
insert	挿入する
line up	並べる
need	必要とする
return	返す、返還する
sign	署名する

NOUNS

amount	金額
back	裏面
balance	残高
bank	銀行
cash card	キャッシュカード
check	小切手
deposit	預金
keypad	キーパッド
magnetic strip	マグネットストライプ、磁気帯
passbook	預金通帳
purse	財布
screen	画面
slip	伝票
teller	窓口係
transaction	取引内訳
window	窓口

FOR SPECIAL ATTENTION

- **deposit slip** 銀行口座に入金する時に使う伝票、預金伝票
- **deposit** (口座に) 入金すること。withdrawは預金を「引き出す」ことを意味する。
- **passbook** 預金通帳
- **carried forward** 繰り越し
- **ATM** Automated Teller Machine の頭文字でcash machineともいう。
- **PIN** Personal Identification Number の頭文字。

Making a Deposit 預金する

Paul went to the bank.

Paulは銀行に行きました。

At a counter, he filled out a deposit slip.

カウンターで預金伝票に記入しました。

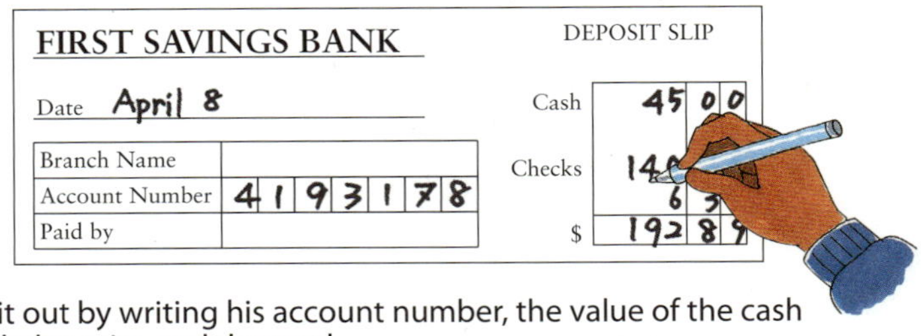

He filled it out by writing his account number, the value of the cash and check deposits, and the total.

口座番号、現金や小切手の金額、合計金額を書きました。

At the teller window,...

窓口で、

...he endorsed the checks by signing them on the back.

小切手を裏書しました。

Then, he gave the teller his deposit.

それから、窓口係に預金を渡しました。

She checked the amounts on the slip,...

彼女は伝票の金額を確認して

Transaction	Amount	Balance
Carried forward		1221.64
Deposit	192.89	1414.53

...printed the deposit amount in his passbook,...

通帳に預金額を印刷して

...and gave him back his passbook.

通帳を返しました。

Using an ATM ATMを使う

Kate needed money,...

Kateは現金が必要で、

...so she went to an ATM in the store.

店内のATMに行きました。

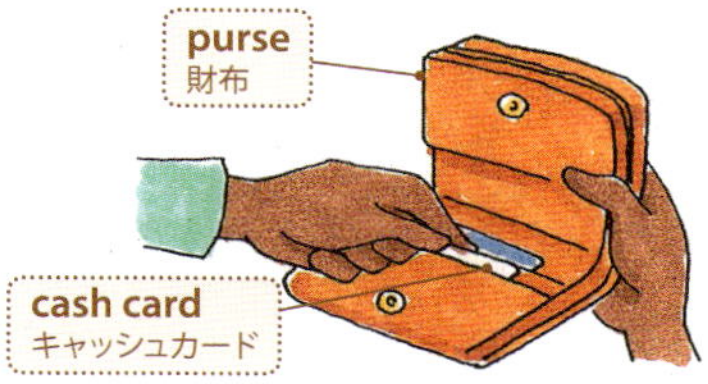

She took her cash card out of her purse.

財布からキャッシュカードを取り出しました。

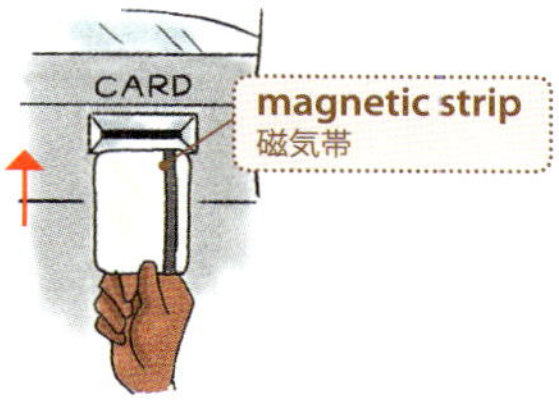

She lined up the magnetic strip properly...

カードの磁気帯を正しく合わせて

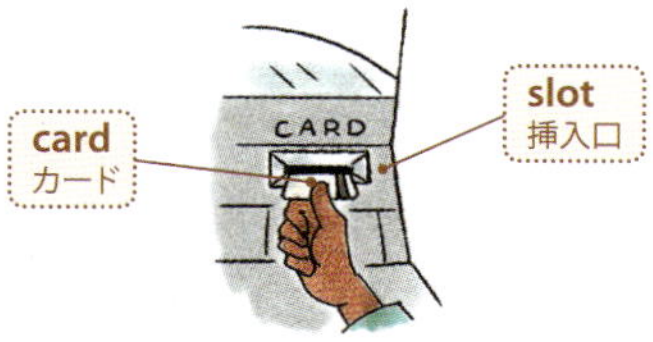

...and inserted the card into the slot on the ATM.

ATMの投入口にカードを入れました。

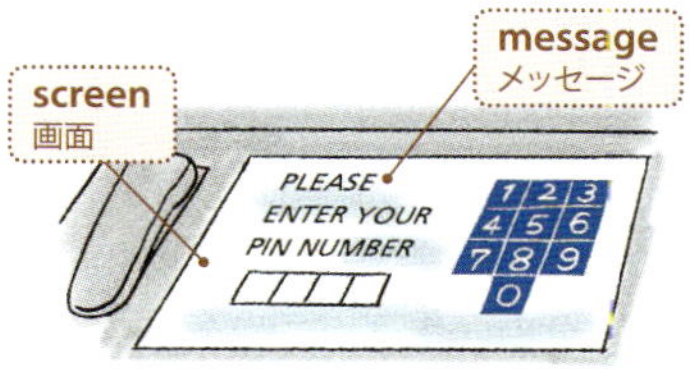

A message on the screen asked for her PIN,...

暗証番号の入力を求めるメッセージが表示されました。

...so she entered her PIN by pressing keys on the keypad.

キーパッドを押して暗証番号を入力しました。

Then, she entered the amount of money she needed.

それから必要な金額を入力しました。

The machine returned her card...

機械から彼女のカードが戻され、

...and gave her her money.

現金が出て来ました。

Section 5

Keeping in Touch

連絡を取り合う

Scan for Audio

DAY 38 Getting and Sending Email

DAY 39 Using a Mobile Phone / Texting

DAY 40 Making a Phone Call

DAY 41 Answering a Telephone

DAY 42 Leaving a Message

DAY 43 Taking a Message

DAY 44 Video Conferencing

DAY 45 Posting on Social Media

DAY 46 Mailing a Letter

DAY 38 Getting and Sending Email

メールを送受信する 38

KEY VOCABULARY

VERBS

click	クリックする
delete	削除する
log in	ログインする
open	開く
print out	プリントアウトする
read [read-read-read]	読む
reply	返信する
type	打ち込む

NOUNS

address	アドレス
all	全て
attachment	添付ファイル
box	アドレスバー
date	日付
email	(電子)メール
icon	アイコン
mailbox	受信箱
message	メッセージ
password	パスワード
recipient	受信者
sender	送信者
subject line	件名欄
time	時刻
URL	URL
username	ユーザー名

FOR SPECIAL ATTENTION

- **attachment** (電子メールの)添付ファイル
- **password** Eメールアカウントにアクセスするために必要な暗号
- **recipient** 受信者
- **URL** ウェブサイトのアドレス
(例) www.compasspub.com

MUSIC
WORKS
PET
GATEWORD
Click

I clicked on my browser icon to go online.
私はインターネットに接続するためにブラウザのアイコンをクリックしました。

Gateward
http://mail.bbbstate.edu

I typed the URL for my email into the box.
ウェブメールサイトのURLをアドレスバーに打ち込みました。

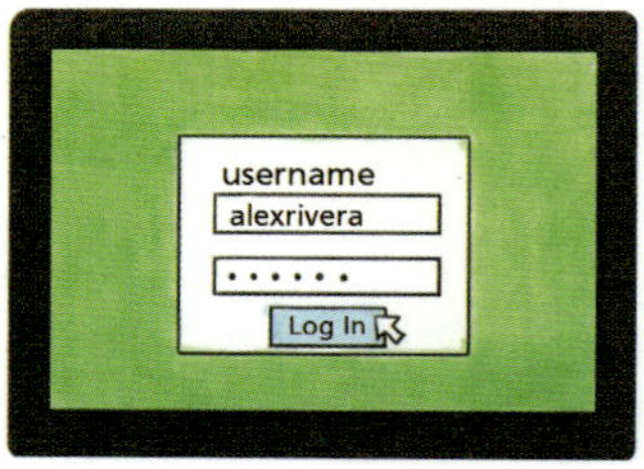
username
alexrivera
Log In

I logged in with my username and password.
自分のユーザー名とパスワードを入力してログインしました。

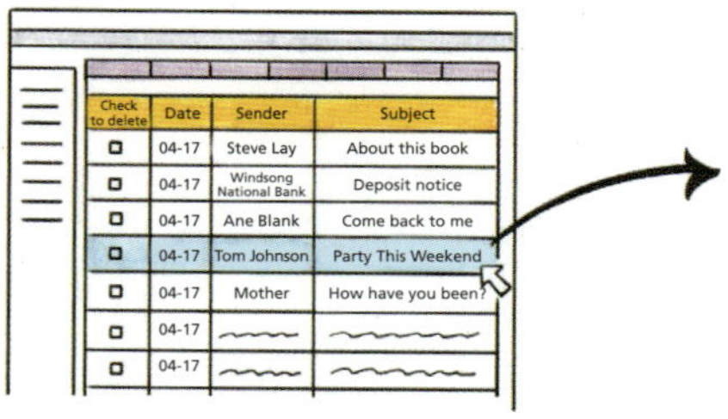
Check to delete
Date
Sender
Subject
04-17 Steve Lay About this book
04-17 Windsong National Bank Deposit notice
04-17 Ane Blank Come back to me
04-17 Tom Johnson Party This Weekend
04-17 Mother How have you been?
04-17
04-17

I had nine new messages in my mailbox.
受信箱に新着メッセージが9件ありました。

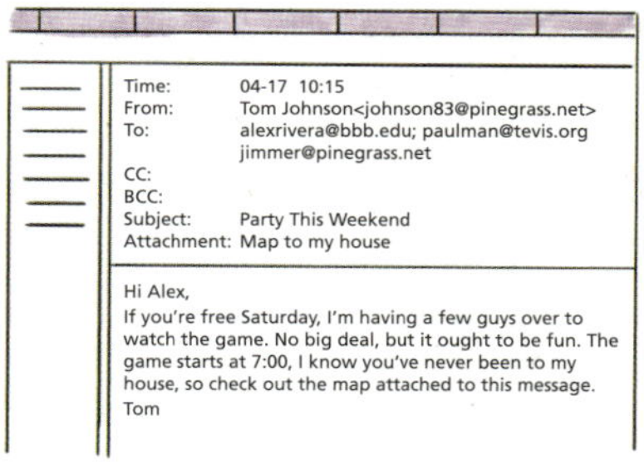
Time: 04-17 10:15
From: Tom Johnson<johnson83@pinegrass.net>
To: alexrivera@bbb.edu; paulman@tevis.org jimmer@pinegrass.net
CC:
BCC:
Subject: Party This Weekend
Attachment: Map to my house
Hi Alex,
If you're free Saturday, I'm having a few guys over to watch the game. No big deal, but it ought to be fun. The game starts at 7:00, I know you've never been to my house, so check out the map attached to this message.
Tom

I opened one and read it.
そのうちの1件を開いて読みました。

BCC:
Subject:
click
This Weekend
Attachment:
Map to my house
トムの家
Hi Alex,
Park
Tom's house
Tom

I opened the attachment.
添付ファイルを開きました。

I replied to the message. I replied to all, not just Tom.
メッセージに返信しました。Tomだけでなく、全員に返信しました。

Then, I printed out the attachment...
そして、添付ファイルをプリントアウトして、

delete

...and deleted the email from my mailbox.
メールを受信箱から削除しました。

Parts of an Email Message Eメールの構成

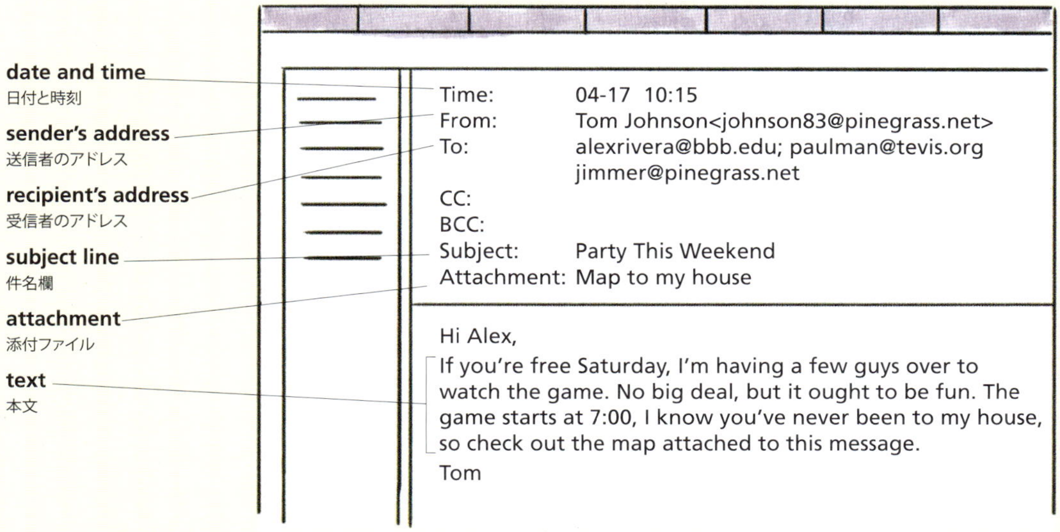
date and time
日付と時刻
sender's address
送信者のアドレス
recipient's address
受信者のアドレス
subject line
件名欄
attachment
添付ファイル
text
本文
Time: 04-17 10:15
From: Tom Johnson<johnson83@pinegrass.net>
To: alexrivera@bbb.edu; paulman@tevis.org
jimmer@pinegrass.net
CC:
BCC:
Subject: Party This Weekend
Attachment: Map to my house
Hi Alex,
If you're free Saturday, I'm having a few guys over to watch the game. No big deal, but it ought to be fun. The game starts at 7:00, I know you've never been to my house, so check out the map attached to this message.
Tom

DAY 39

Using a Mobile Phone / Texting

携帯電話を使う／テキストメッセージを送る 39

KEY VOCABULARY

VERBS

answer	（電話に）出る
dial	（電話番号を）ダイヤルする
end	終了する
find [found]	見つける
hear [heard]	聞く
hit [hit]	押す
make [made]	（電話を）かける
pick up	（電話に）出る
select	選択する
set [set]	セットする
shine	照らす
take [took]	（写真を）撮る
text	テキストメッセージを打つ
turn on	つける
type	打ち込む
write [wrote]	書く

NOUNS

abbreviation	略語
alarm	アラーム
call	電話（を掛けること）
contact	連絡先
light	光
listing	一覧
menu	メニュー
message	メッセージ
number	（電話）番号
picture	写真
ringtone	着信音
symbol	記号
text	文書、本文

FOR SPECIAL ATTENTION

- **contacts** 主によく使う電話番号を登録しておく「連絡先リスト」。

Dan turned his phone on.
Danは携帯電話の電源を入れました。

He dialed a number on the screen...
キーパッドで番号をダイヤルして、

and pressed "Call" to make the call.
通話ボタンを押して電話をかけました。

The person did not pick up,...
相手が電話に出なかったので、

...so he ended the call.
電話を切りました。

He went to the menu.
メニュー画面に戻り、

He selected his contacts...
連絡先を選択して、

...and found a listing for his friend Jim.
リストに友人のJimを見つけました。

Jim heard his ringtone and answered Dan's call.
Jimは着信音を聞いてDanからの電話に出ました。

Texting　テキストメッセージを送る

Pam opened her phone and searched for her friend's contact information.

Pamは携帯電話を開き、友だちの連絡先を調べました。

She selected "Message" on her phone menu.

彼女はメニューから「テキストメッセージ」を選択しました。

She used her fingers to type...

指でキ文字を入力し、

... and wrote a text message.

テキストメッセージを書きました。

Many words in her message were abbreviations and symbols.

メッセージの多くは略語や顔文字でした。

She checked her message and hit "Send."

彼女は自分のメッセージを確認し、「送信」ボタンを押しました。

Some Texting Symbols　略語や顔文字の種類

Abbreviations 略語		Emoticons 顔文字	
THX	Thanks		I'm happy.
BRB	Be right back		I'm shocked.
BTW	By the way		I'm joking. / I'm winking at you.
SFLR	Sorry for late reply		I'm sad.
TMW	Tomorrow		I'm laughing.

Other Things You Can Do with Phones　携帯電話で他にできること

Set an alarm

アラームをセットします。

Take pictures

写真を撮ります。

Shine a light

光を照らします。

SIMPLE PAST

DAY 40

Making a Phone Call

電話をかける 40

KEY VOCABULARY

VERBS

answer	電話に出る
dial	電話をかける
identify	身元を明かす
look up	調べる
pick up	手に取る
say hello [say-said-said]	あいさつする

NOUNS

phone	電話

FOR SPECIAL ATTENTION

- **telephone** 電話の種類はボタンを直接押すpush-button式とダイヤルを回すdial式に分かれる。

Jenny looked up Kate's phone number online.
Jennyはオンラインで Kateの電話番号を探しました。

She picked up her phone...
自分の携帯電話を手に取って

Hmmm...
うーん...

...and unlocked the screen.
画面のロックを解除しました。

KATE

Then, she dialed the number.
それから電話をかけました。

ring...
ring...
リンリン...
リンリン...

She heard Kate's phone ringing.
Kateの側の呼出音が聞こえました。

Hello?
もしもし?

When Kate answered,...
Kateが電話に出ると

Hi, Kate.
This is Jenny.
もしもし、Kate。
Jennyよ。

...Jenny said hello and identified herself.
Jennyはあいさつして自分の名前を言いました。

I'm calling to see if you'd like to go swimming.
一緒に泳ぎに行かない?

Then, she said why she called.
それから、用件を話しました。

Answering a Telephone

電話に出る 41

DAY 41

SIMPLE PAST

ring...
ring...
リンリン...
リンリン...

Kate heard the phone ringing...
Kateは電話の呼び出し音を聞いて

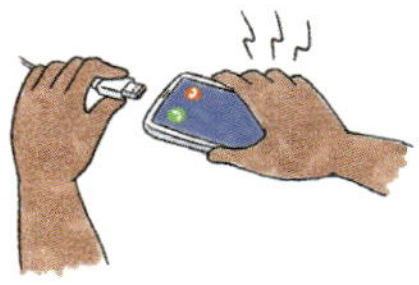

...and took it off the charger.
充電ケーブルを外しました。

Hello?
もしもし?

She answered the phone by saying hello...
「もしもし」と電話に出て、

Hi, Kate.
This is Jenny.
おはよう、Kate。
私Jennyだよ。

...and then let the caller speak.
相手の話を聞きました。

...if you'd like to go swimming.
泳ぎに行かない?
I'd love to, Jenny. When?
行きたいわ、Jenny。
いつ行く?

They talked for a while...
彼らはしばらく話をして

JENNY

...and then she hung up.
電話を切りました。

If It's a Wrong Number 間違い電話の場合

Mikeさんはいらっしゃいますか?
Could I speak with Mike?

Kate didn't know the person the caller asked for.
Kateは相手が話したがっている人物を知りませんでした。

I'm sorry. There's no one here by that name. You have the wrong number.
すみません。こちらにはそのような名前の者はおりません。かけ間違えましたね。

She told him that he had a wrong number.
彼に間違い電話だと伝えました。

あっ!
すみません!
Ooops!
Sorry!

He apologized and hung up.
彼は謝って電話を切りました。

KEY VOCABULARY

VERBS

apologize	謝る
ask for	求める、要求する
hang up [hang-hung-hung]	電話を切る
let [let-let-let]	させる
speak	言う、話す

NOUNS

caller	発信者
person	人
wrong number	間違い電話

OTHERS

for a while	しばらく(の間)

FOR SPECIAL ATTENTION

- **say hello / goodbye** 普通、電話を受けた人が"hello"と言い、電話をかけた人が"goodbye"と言って切る。
- **(he / she) has wrong number** 「電話をかけ間違えている」という意味。
- **let the caller speak** 「発信者に話をさせる」という意味で、受信者がじっと聞いていることを意味する。

SIMPLE PAST

DAY 42

Leaving a Message

メッセージを残す 42

KEY VOCABULARY

VERBS

agree	同意する
call back	折り返し電話をかける
catch	理解する、聞き取る
identify	身元を明かす
leave [leave-left-left]	残す
repeat	繰り返す
spell	綴りを言う

NOUNS

last name	姓
message	メッセージ
name	名前

FOR SPECIAL ATTENTION

- **available** 「電話が受けられる」状態をいう。よってnot availableなら、席を外したり他の理由で電話が受けられない場合を指す。
- **leave a message / take a message** 伝言を残す /伝言を預かる伝言を依頼する時の言葉には、電源を残す / 電源を預かる伝言を依頼する時の言葉には、"Could you take a message?" "Could I leave a message?" などがある。

Can I speak to Dan, please?
Danさんはいらっしゃいますか?

I asked to speak to Dan,...

私はDanと話したいと言ったのですが、

I'm sorry, but he's not here right now.
申し訳ございません。今席を外しております。

...but he wasn't available.

彼は席を外していました。

This is Alex. I work with Dan. Could you please take a message for him?
私はAlexと申します。Danさんと仕事でご一緒させていただいています。彼に伝言をお願いできますか?

I identified myself and asked her to take a message.

私は 名乗 ってから彼女に伝言を頼みました。

Sure. I'm sorry, I didn't catch your name.
はい、承ります。すみませんが、お名前が聞き取れませんでした。

She agreed and asked me to repeat my name.

彼女は承諾し、私の名前をもう一度聞きました。

私はAlexです。Alex Riveraです。
It's Alex, Alex Rivera.

I repeated it...

私は自分の名前を繰り返して、

綴りを教えていただけますか?
Could you spell that out, please?
はい、R-I-V-E-R-Aです。
Sure. That's R-I-V-E-R-A.

...and spelled my last name.

自分の性の綴りを言いました。

And my number is 555-5959.
そして私の電話番号は555-5959です。

I also left my number...

また、電話番号を伝えて

Could you ask him to give me a call, please? Thanks.
彼にお電話くださるようにとお伝えください。では、失礼します。

...and asked that he call me back.

折り返しの電話を頼みました。

Taking a Message

伝言を受ける (43)

DAY 43

SIMPLE PAST

Hello?
もしもし?

Pam answered the phone,...

Pamが電話を取ると

Is Dan there, please?
Danさんはいらっしゃいますか?

...and the caller asked for Dan.

相手がDanと話したいと言いました。

Sorry. He can't come to the phone right now. Can I take a message?
申し訳ございません。今、電話に出られません。伝言を承りましょうか?

She said he wasn't available and offered to take a message.

彼女は彼が電話に出られないので、伝言を伝えると言いました。

Yes, please tell him that Lester called.
はい、Lesterから電話があったとお伝えください。

The caller left a message for Dan.

電話をかけた人はDanに伝言を残しました。

notepaper
メモ用紙
Lester

Pam wrote the message on some notepaper...

Pamは伝言をメモ用紙に書いて

...and put it next to the phone.

電話のそばに置きました。

Later, Dan got the message...

やがて、Danが伝言を見て

Hi, Lester. This is Dan. You called?
お疲れ、Lester。Danだよ。電話くれたの?

...and returned Lester's call.

レスターに折り返し電話をかけました。

KEY VOCABULARY

VERBS

return a call	折り返し電話をかける
take a message	伝言を受ける
write [write-wrote-written]	書く

NOUNS

notepaper	メモ用紙

OTHERS

later	後で
next to	～の隣に
right now	今すぐ

FOR SPECIAL ATTENTION

- **Can I take a message?** 伝言を伝える時の言葉として他には、"Would you like to leave a message?" "Are there any messages?" などがある。
- **return a call** call backと同じ意味で、伝言を残した人に折り返し電話をかけることを意味する。

DAY 44

Video Conferencing

テレビ会議

KEY VOCABULARY

VERBS

answer	答える、応答する
chat	おしゃべりする、チャットする
discuss	議論する
get	手に入れる
log in	ログインする、接続する
select	選ぶ
send	送る
share	共有する
test	点検する、確認する

NOUNS

application	アプリ
computer	コンピューター
conference	会議
group	グループ、団体
invite	招待
list	リスト
microphone	マイク
screen	画面、スクリーン
webcam	ウェブカメラ(インターネットにつながったカメラ)
work	仕事、業務

OTHERS

conferencing	(通信機器を用いた)会議

FOR SPECIAL ATTENTION

- **conferencing** 離れた場所にいる人々がマイクとカメラを使って顔を見ながら行う会議なので、ネットにつながっている必要がある。ユーザーの画面を他の人々と共有する機能を「画面共有(screen-share)」という。

Dan logged on to his computer.
Danは自分のパソコンにログインしました。

He turned on his video conferencing application.
彼はテレビ会議用のアプリを開きました。

He tested his webcam...
ウェブカメラの状態と

...and his microphone.
マイクの状態を確認しました。

He selected people in his contact list...
連絡先リストから人を選び、

...and sent them an invite to video chat.
彼らにビデオ通話への招待通知を送りました。

Tom and Pam got the invite and answered.
TomとPamが招待通知に応じました。

Tom shared his screen with the group.
Tomは会議グループの人たちと自分の画面を共有しました。

They discussed their work.
彼らは業務について話し合いました。

Posting on Social Media

ソーシャルメディアに投稿する

DAY 45

SIMPLE PAST

Jenny took a photo of her friends with her smartphone.

Jennyは自分のスマホで友だちの写真を撮りました。

She added some effects and a filter and then saved the photo.

その写真に効果やフィルターをかけて保存しました。

She opened a social media application.

彼女はソーシャルメディアのアプリを開きました。

She uploaded the photo to share it with her friends.

その写真を友だちと共有するためにアップロードしました。

She wrote a message on the photo and added some hashtags.

彼女は写真にコメントをつけて、ハッシュタグもいくつかつけました。

Her friends liked her photo and wrote comments.

友だちがその写真に「いいね」をしてコメントをつけました。

Then, Jenny checked her feed.

それから、Jennyは自分のフィードをチェックしました。

She saw her friends' posts and commented on their photos.

彼女は友だちの投稿を見てコメントをつけました。

KEY VOCABULARY

VERBS

add	足す、加える
check	確かめる
comment	コメントをつける
like	「いいね」する
open	開く
save	保存する
see	見る
take	(写真を) 撮る
upload	アップロードする
write	書く、作成する

NOUNS

application	アプリ
comment	コメント
effect	効果
feed	フィード *ソーシャルメディアのストーリーがユーザーに見える領域
filter	フィルター *デジタルエフェクトを加える機能
hashtag	ハッシュタグ *ソーシャルメディアのストーリーに関わった特別なテーマをテキストに表示する方法。主に#を使用
message	メッセージ
photo	写真

OTHERS

social	社会の、社交の、ソーシャルの

FOR SPECIAL ATTENTION

- **social media** ソーシャルメディアにはいろいろな種類がある。ソソーシャルネットワーキングのサイトの中で代表的なのはフェイスブック(Facebook)、ソーシャルビューサイトではイエルプ(Yelp)がある。また、イメージ共有サイトではインスタグラム(Instagram)が、動画アップロードサイトではユーチューブ(YouTube)が代表的だ。その他にもコミュニティブログや討論サイトもあって、エアビーアンドビー(Airbnb)のような共有経済ネットワークもある。

DAY 46

Mailing a Letter

手紙を出す 46

KEY VOCABULARY

VERBS

enclose	同封する
fold	折りたたむ
lick	なめる
seal	封をする
stand in line	列に並ぶ
stick	貼りつける
weigh	重さを量る

NOUNS

address	住所
clerk	店員、局員
envelope	封筒
mailbox	ポスト
middle	中央
postage	郵便料金
post office	郵便局
return address	差出人の住所
stamp	切手
turn	順番

OTHERS

enough	十分な
upper left	左上の

FOR SPECIAL ATTENTION

- **stand in line** 自分の順番を列に並んで待つこと。通例、line には冠詞 (a, the) をつけない。
- **express mail** （速達）は regular mail（普通郵便）より速いが料金は高い。速達にすべきかどうかを確認するために、窓口の係は "Regular or express?" とたずねる。
- **postage** 多くのアメリカ人は切手をなめて貼っている。他の文化では切手を濡れたスポンジや(Paste)を使って貼ったりする。

I hope she likes the pictures.

彼女がこの写真を気に入ってくれるといいんだけど。

I enclose some pictures.

私は写真を何枚か同封します。

I fold up my letter...

手紙を折りたたみ、

...and put it in the envelope with the pictures.

写真と一緒に封筒に入れます。

I write my friend's address in the middle of the envelope and my return address in the upper left corner.

友だちの住所を封筒の中央に、自分の住所を左上に書きます。

I seal the envelope.

封筒をのりづけします。

I don't know how much postage I need. So, I take the letter to the post office.

郵便料金がいくらか分からないので、郵便局へ持って行きます。

I stand in line.
私は列に並びます。

When it's my turn,...
自分の番になったら、

...I go to the window.
窓口に行きます。

How much do I need on this?
この手紙にいくらかかりますか？

I ask the clerk how much postage I need.
局員に料金がいくらかかるかを聞きます。

Regular mail or express?
普通郵便ですか、速達ですか？
Regular.
普通郵便です。

He asks me how I want the letter to go...
彼は普通か速達かを聞いて、

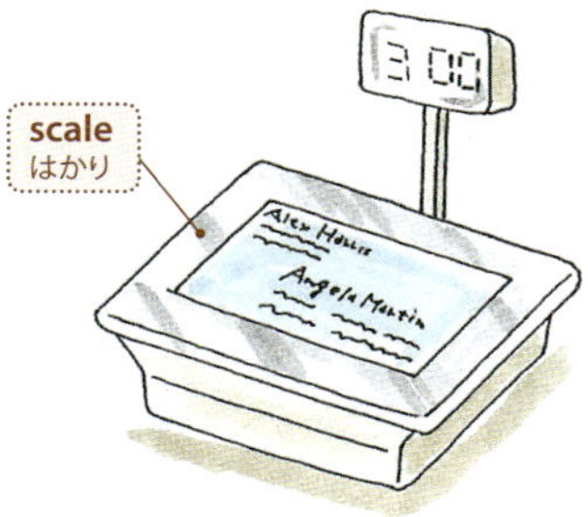
scale
はかり

...and weighs the letter.
重さを量ります。

$1.20.
1ドル20セントです。
Okay.
はい。

I buy enough stamps for the postage.
料金分の切手を買います。

I lick the stamps...
切手の裏をなめて

stamp
切手
Alex Harris
Angela Martin

...and stick them on the envelope.
封筒に貼りつけます。

I put the letter in the mailbox.
ポストに手紙を投函します。

Section 6

Having Fun with Friends

友だちと楽しく過ごす

Scan for Audio

DAY 47 Going to a Party

DAY 48 Going to a Movie

DAY 49 Eating at a Fast Food Restaurant

DAY 50 Having Coffee at a Coffee Shop

SIMPLE PRESENT

DAY 47

Going to a Party

パーティーに出かける

KEY VOCABULARY

VERBS

blow out	吹き消す
bring [bring-brought-brought]	持ってくる
greet	あいさつする
introduce	紹介する
light	火をつける
shake hands	握手する
sing	歌を歌う
thank	感謝する
wrap	包む

NOUNS

birthday	誕生日
cake	ケーキ
candle	ろうそく
card	カード
evening	夕方、晩
guest	招待客、ゲスト
host	(接待する)主人、ホスト
match	マッチ
present	プレゼント
wine	ワイン
wrapping paper	包装紙

FOR SPECIAL ATTENTION

- **light a candle** ろうそくに火をつけること。
- **blow out a candle** ろうそくの火を吹き消すこと。

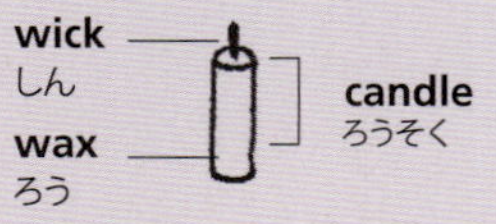
wick
しん
wax
ろう
candle
ろうそく

- **"Happy Birthday"** 「誕生日おめでとう。」
- **a bottle of wine** アメリカではパーティーに招かれた時、ワインなどの手土産を持って行くことが、礼儀にかなっていると考えられている。また、ホストは「わざわざ持って来てくれなくてもよかったのに」と言うことが多い。
- **small talk** 天候とかスポーツのような軽い話題についてのおしゃべり。世間話。
- **evening** sundown (日没) から midnight (真夜中の12時) 頃までの時間帯を指す。また、「夜の催し、会、パーティー」のこと。

Going to a Birthday Party 誕生日パーティーに出かける

wrapping paper
包装紙

Before the party, I wrap a present for my friend...

パーティーへ行く前に、私は友だちへのプレゼントを包み、

birthday card
バースデー・カード
HAPPY BIRTHDAY

...and sign a card for him.

カードに名前を書きます。

Here you go, Leo. Happy birthday.
Leo、誕生日おめでとう。これどうぞ。
Thanks, Alex. Come on in.
ありがとう、アレックス。さあ、入って

At the party, I give him the present and the card.

パーティーでプレゼントとカードを渡します。

candles
ろうそく
match
マッチ

Someone lights the candles on the birthday cake.

ろうそくに火をつけます。

Happy Birthday Dear Leo...
ハッピー・バースデイ・ディア・レオ・・・ ・・・

We all sing "Happy Birthday,"...

私たちは一緒に「ハッピー・バースデー」を歌い、

...and Leo blows out the candles.

Leoがろうそくの火を吹き消します。

Hey. I've been wanting this book. Thanks.
やあ、この本欲しかったんだ。ありがとう。

He opens his birthday presents,...

彼はプレゼントの包みを開けて、

...and then everyone eats cake and ice cream.

皆でケーキやアイスクリームを食べます。

Going to a Dinner Party ディナー・パーティーに出かける

やあ、Dan。
Hi, Dan.
こんばんは、Dan。
Hi, Dan.
Hi, Tom, Jenny. Glad you could come.
やあ、Tom、Jenny。来てくれてありがとう。

Dan (the host) greets Tom and Jenny (the guests) at the door.

Danが客のTomとJennyを玄関で迎えます。

Thanks, Jenny, but you didn't have to bring anything.
ありがとう、Jenny。手ぶらでよかったのに。

They give him a bottle of wine they brought.

持ってきたワインをDanに渡します。

Leo, Kate. Good to see you.
Reo、Kate、こんばんは。
やあ、Tom。
Hi, Tom.
Hi, Jenny.
ハーイ、Jenny。

Inside, they say hello to some people they know.

家の中で知人たちにあいさつします。

Tom、Jenny、Sharon Meltonさんとご主人のJohnさんを紹介するよ。
Tom, Jenny, I'd like you to meet Sharon Melton and her husband, John.

Dan introduces them to some people.

Danは2人を他の客に紹介します。

Glad to meet you, John.
はじめまして、ジョン。
Same here, Tom.
はじめまして、トム。

They shake hands...

彼らは握手して、

Sure was a hot one today.
本当にきょうは暑かったね。
Yeah.
そうだね。

...and make some small talk.

世間話をします。

They have their dinner.

ディナーを食べます。

Thanks, Dan. Great party.
Dan、ありがとう。素敵なパーティーだったよ。
Glad you could come. Drive safely.
来てくれてありがとう。運転に気をつけて帰ってね。

At the end of the evening, the guests say goodnight and thank Dan.

パーティーが終わると、客はDanに別れのあいさつとお礼を言います。

DAY 48

Going to a Movie

映画に行く 48

KEY VOCABULARY

VERBS

find out [find-found-found]	見つける
show	上映される
tear [tear-tore-torn]	ちぎる

NOUNS

box office	チケット売り場
main feature	映画の本編
movie	映画
popcorn	ポップコーン
preview	予告編
snack counter	売店
ticket-taker	チケット係

FOR SPECIAL ATTENTION

- **the movie is showing** 「その映画が上映されている」の意味。
- **box office** 映画のチケットが売られる窓口。ticket window とも言う。
- **stub** 「切れ残り、使い残り」の意味。a ticket stub は切り取られたあとの切符の「半券」。
- **preview** 映画やテレビ番組の宣伝のために作られた「予告編、番組予告」。
- **credits** 映画・テレビ番組などの製作に携わったスタッフの一覧。

We found out where and when the movie was showing.
私たちは上映場所と時間を調べました。

We bought tickets at the box office...
チケット売り場でチケットを買い、

...and some popcorn at the snack counter.
売店でポップコーンを買いました。

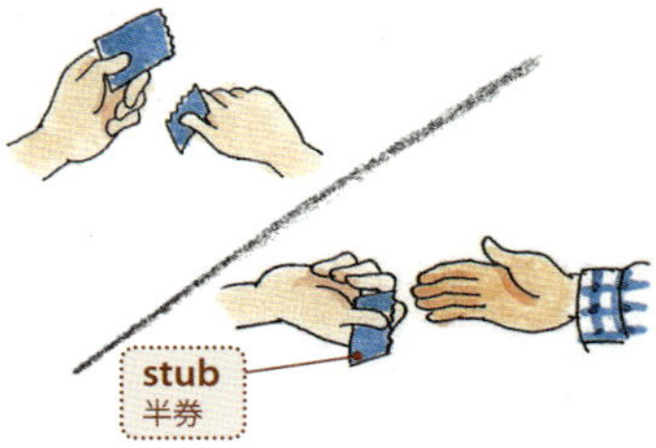

The ticket-taker tore our tickets and gave us back the stubs.
係の人がチケットを切り、半券を返してくれました。

We went to our seats.
私たちは自分の席に着きました。

We watched previews of upcoming movies.
次回作の予告編を見ました。

Then, we saw the main feature.
それから、映画の本編を見ました。

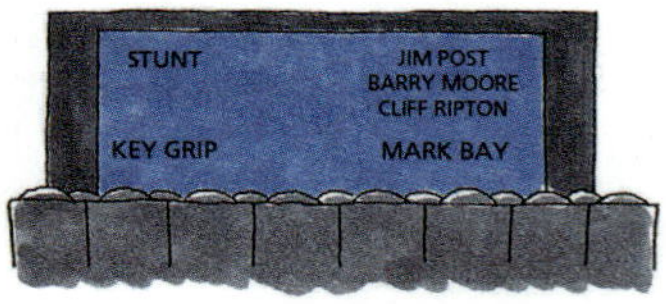

At the end, we watched the credits.
最後にクレジットを見ました。

Eating at a Fast Food Restaurant

ファーストフード店で食事をとる 49

DAY 49

SIMPLE PAST

Jenny stood in line...

Jennyは列に並び、

...and read the menu.

メニューを見ました。

ビッグバーガー1つと、フライドポテトのSサイズを1つ、それからMサイズのコーラを下さい。
I'd like one Big Burger, a small order of fries, and a medium cola, please.
For here or to go?
こちらで召し上がりますか、お持ち帰りですか？
For here, please.
ここで食べます。

At the counter, she ordered her food and a drink.

カウンターで食べ物と飲み物を注文しました。

5ドル20セントです。
That'll be $5.20.
Right.
はい。

The clerk put the food on Jenny's tray, and Jenny paid her.

店員がJennyのトレーに食べ物を置き、Jennyはお金を払いました。

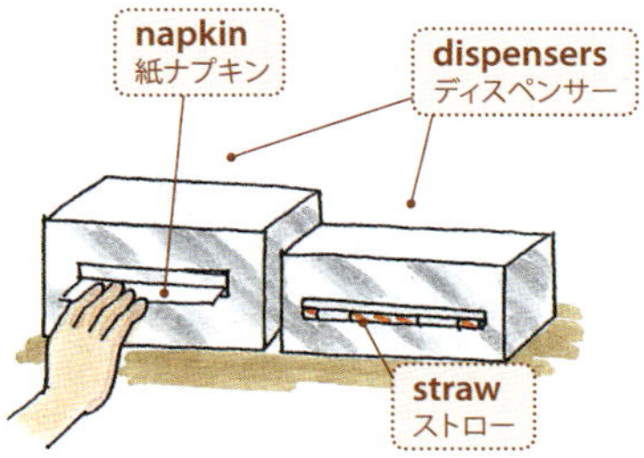

napkin
紙ナプキン
dispensers
ディスペンサー
straw
ストロー

Jenny took some paper napkins and a straw from the dispensers.

Jennyはディスペンサーから紙ナプキン数枚とストロー１本を取りました。

She ate her lunch at her table.

テーブルでランチを食べました。

Other people got their food to go.

持ち帰る人たちもいました。

THANK YOU

When she finished eating, she threw the empty wrappers in the trash.

食べ終わって、ごみ箱に空の容器を捨てました。

KEY VOCABULARY

VERBS

order	注文する
stand in line	列に並ぶ

NOUNS

dispenser	ディスペンサー
drink	飲み物
lunch	昼食
menu	メニュー
restaurant	レストラン
straw	ストロー
wrapper	容器

OTHERS

fast food	ファーストフード

FOR SPECIAL ATTENTION

- **menu** ファーストフード店の場合、カウンター上部のボードに掲示されていることが多い。
- **for here** 店内で食べること。
- **to go** 店内で食べず、持ち帰ること。take out または take away とも言う。
- **dispenser** 紙ナプキンやストローなどを1つずつ取り出せる装置。
- **wrapper** 食べ物を新鮮に保っておくための箱などの容器。

SIMPLE PAST

DAY 50

Having Coffee at a Coffee Shop

カフェでコーヒーを飲む 50

KEY VOCABULARY

VERBS

call out	呼び出す
finish	終える
leave [left]	離れる
order	注文する
pay [paid]	支払う
plug	プラグを接続する
pump	ポンプでくみ上げる
punch	穴をあける
show	見せる
sit [sat] down	席に座る
tell [told]	言う

NOUNS

café au lait	カフェオレ
cappuccino	カプチーノ
card	カード
chai	チャイ
clerk	店員
coffee	コーヒー
coffee shop	カフェ
container	容器
conversation	会話
counter	カウンター
cup	コップ
customer	客
dish	皿
espresso	エスプレッソ
Internet	インターネット
laptop	ノートパソコン
latte	ラテ
muffin	マフィン
outlet	コンセント
refill	リフィル、お代わり
table	テーブル
tray	トレー
Wi-Fi	ワイファイ

OTHERS

both	両方の
brewed	ドリップで抽出した
dirty	汚い
free	無料の
frequent	頻繁な
online	オンラインの

CITY COFFEE

Pam and Jenny went to the coffee shop.

PamとJennyはカフェに行きました。

Two large lattes, please.
Lサイズのラテを2つお願いします。

They ordered coffee at the counter,...

彼らはカウンターでコーヒーを注文し、

...and Pam ordered a muffin too.

Pam はマフィンも注文しました。

They told the clerk they wanted to drink their coffee in the shop.

店内でコーヒーを飲むと店員に言いました。

Other customers got their drinks to go.

他の客は飲み物をテイクアウトして行きました。

Jenny paid for both of them.

Jennyは2人分の代金を支払いました。

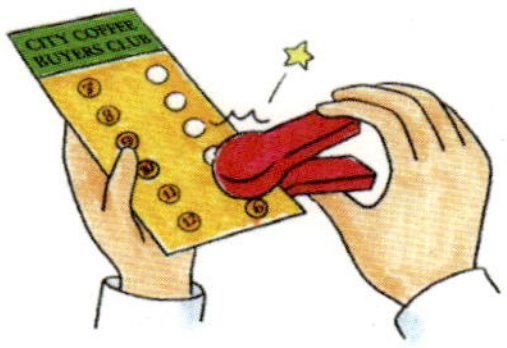

The clerk punched Jenny's frequent-customer card.

従業員はJennyの顧客カードにパンチで穴をあけました。

Two large lattes and two muffins.
Lサイズのラテ2つとマフィン二個です。

A clerk called out when Jenny's coffee was done.

コーヒーが出来上がると、従業員が知らせました。

FOR SPECIAL ATTENTION

- **mug** マグカップ。普通、持ち手(handle)がついている。
- **Wi-Fi** 無線のインターネット接続システム。
- **frequent-customer card** ポイントカード。

Jenny and Pam sat down at a table...
JennyとPamは席に座って

So then I told him...
それで彼に言ったの...

...and had a conversation.
話しました。

You have to see this video!
このビデオを見て!

Jenny wanted to show Pam something on the Internet,...
JennyはPamにネットで何かを見せたいと思いました。

...so she plugged her laptop into an outlet.
そこで、ノートパソコンのプラグをコンセントに差し込みました。

The coffee shop had free Wi-Fi, so she went online.
カフェには無料のWi-Fiが用意されており、Jennyはネットに接続できました。

Free refills!

Pam finished her cup of coffee and got a refill.
Pamはコーヒー1杯を飲み終えて、お代わりをもらいに行きました。

Pam pumped some coffee out of the container.
Pamは容器を押してコーヒーを注ぎました。

When they left the shop, they put their cups on a tray for dirty dishes.
カフェを出る時、彼女たちはカップを返却用トレーに置きました。

Kinds of Coffee Shop Drinks さまざまなカフェの飲み物

brewed coffee
(ordinary coffee)
ドリップコーヒー
(一般的なコーヒー)

espresso
(strong)
エスプレッソ
(濃いコーヒー)

cappuccino
(espresso and steamed milk)
カプチーノ
(エスプレッソにスチームミルクを混ぜて作ったコーヒー)

latte
(espresso and foamed milk)
ラテ
(エスプレッソに泡立てた牛乳を混ぜて作ったコーヒー)

café au lait
(coffee mixed with hot milk)
カフェオレ
(コーヒーと暖かい牛乳を混ぜて作ったコーヒー)

chai
(tea)
チャイ
(香辛料が入ったインドのミルクティー)

Appendix

Imperial and Metric Measurements

アメリカでは測定に、ヤードポンド法を使う。

	Imperial ヤードポンド法	Metric メートル法
Weight 重量	1 pound [1 lb.] (16 ounces)	0.45 kilogram (kg)
	1 ounce [1 oz.]	28.35 grams (g)
Distance 距離	1 mile [1 mi.] (5280 feet)	1.609 kilometers (km)
	1 yard [1 yd.] (3 feet)	0.914 meter (m)
	1 foot [1 ft.] (12 inches)	0.3048 meter (m)
	1 inch [1 in.]	2.54 centimeters (cm)
Volume / Capacity 体積 / 容量	1 gallon [1 gal.] (4 quarts)	3.785 liters (l)
	1 quart [1 qt.] (2 pints)	0.946 liter (l)
	1 pint [1 pt.] (2 cups)	0.473 liter (l)
	1 cup [1 c.] (8 fluid ounces)	236.6 milliliters (ml)
	1 fluid ounce [1 fl. oz.]	29.57 milliliters (ml)

Temperature

F = Fahrenheit (カ氏)	C = Celsius (セ氏)
212 ˚F	100 ˚C
90 ˚F	32 ˚C
75 ˚F	24 ˚C
50 ˚F	10 ˚C
32 ˚F	0 ˚C
0 ˚F	-18 ˚C

US Money

1 dollar ($1) = 100 cents (100¢)

Amount 金額	Other names for it 他の呼称
1000 dollars	a grand
1 dollar	a buck
50 cents	a half dollar, half a buck
25 cents	a quarter
10 cents	a dime
5 cents	a nickel
1 cent	a penny

Notes on Irregular Forms

Irregular Verbs

英語の動詞には規則変化と不規則変化がある。下の表を参考にしてみよう。

Infinitive: Be

Present	Past	Past Participle
am	was	been
are	were	
is		

Infinitive: Have

Present	Past	Past Participle
has		
have	had	had

Other Irregular Verbs

Infinitive	Past Form	Past Participle
become	became	become
blow	blew	blown
buy	bought	bought
choose	chose	chosen
come	came	come
cut	cut	cut
deal	dealt	dealt
do	did	done
draw	drew	drawn
drink	drank	drunk
drive	drove	driven
eat	ate	eaten
fall	fell	fallen
feed	fed	fed
find	found	found
get	got	gotten / got
give	gave	given
go	went	gone
hang	hung	hung
hear	heard	heard
hold	held	held
know	knew	known
lay	laid	laid
leave	left	left
let	let	let
lie	lay	lain
make	made	made
mow	mowed	mown / mowed
pay	paid	paid
put	put	put

Infinitive	Past Form	Past Participle
read	read	read
reset	reset	reset
ride	rode	ridden
ring	rang	rung
run	ran	run
say	said	said
see	saw	seen
set	set	set
shake	shook	shaken
shine	shined	shined
show	showed	shown / showed
shut	shut	shut
sing	sang	sung
sit	sat	sat
speak	spoke	spoken
speed	sped / speeded	sped / speeded
spin	spun	spun
spit	spat/spit	spat/spit
spread	spread	spread
stand	stood	stood
stick	stuck	stuck
sweep	swept	swept
swing	swung	swung
take	took	taken
tear	tore	torn
tell	told	told
throw	threw	thrown
wake	woke / waked	woken / waked / woke
wear	wore	worn
write	wrote	written

Irregular Noun Plurals

英語の可算名詞には's'または'es'を付けて複数形を作るものと、不規則な変化をするものがある。
下の例を確認してみよう。

Singular	Plural
child	children
foot	feet
knife	knives
leaf	leaves

Singular	Plural
man	men
sheep	sheep
tooth	teeth
woman	women

Index

- この本には、英語の見出しと日本語の見出しの2種類の索引がついています。
- Key Vocabulary にエントリーされている語（句）（本文とキャプションや見出し）がすべて載せられています。（吹き出しの会話文の語（句）は含まれていません。）
  冠詞（a, the など）や、any, each, some などの単語、人称代名詞（we, she, they など）、代名詞（something など）、前置詞（on, in, to など）、接続詞（if, when, because など）、人名などの固有名詞（Tom, Jenny など）は、索引に含んでいません。
- 2回以上出てきた語（句）は、索引にそのページ数をすべて表記しました。

英語の索引について

品詞の表示

索引では本文で使われている品詞で表示されています。

品詞の略記号（英語の索引にのみ表記）

n. – 名詞	**adj.** – 形容詞距離	
v. – 動詞	**adv.** – 副詞	**adv'l.** – 副詞類

調べやすくするために

- よく使われる言い回し（say goodbye, by hand など）は、そのまま見出し語となっています。
- 通常、複数形で使われる名詞（glasses, pajamas など）は複数形で表記されています。
- 見出し語は原則として基本形で表記してあります。ただし、名詞の不規則な複数形は＜　＞で、不規則変化をする動詞の過去形は［　］で、それぞれの基本形の後に表記してあります。

日本語の索引について

同じ見出し語でも意味が異なる場合は「みがく（歯を）」のように（ ）で補足をしてあります。

あ

か

さ

た

な

は

ま

や

ら

わ

A

B

C

D

E

F

G

H

I

J

P

R

S

T

U

V

W

Y

Z

ENGLISH FOR EVERYDAY ACTIVITIES

A Picture Process Dictionary

THIRD EDITION

Lawrence J. Zwier

Editors: Zoe Smith, Thomas Hong, Flora Ko, Shigeki Okamoto
Translators: 松原好次, Jeffery Lebeau, David Cozy, Sayuri Cozy
Cover/Interior Design: Lani Kim, Linda Seong

Distributed in Japan by Miyoshi Co.,LTD
〒167-0032 東京都杉並区天沼 2-2-3
Tel. (03)3398-9161

ISBN: 978-4-909362-38-4

Printed in Korea